경기도
공공기관
통합채용

최종모의고사

SD에듀
(주)시대고시기획

2024 최신판 SD에듀 All-New 경기도 공공기관 통합채용 NCS 최종모의고사 7회분 + 무료NCS특강

Always **with you**

사람의 인연은 길에서 우연하게 만나거나 함께 살아가는 것만을 의미하지는 않습니다.
책을 펴내는 출판사와 그 책을 읽는 독자의 만남도 소중한 인연입니다.
SD에듀는 항상 독자의 마음을 헤아리기 위해 노력하고 있습니다. 늘 독자와 함께하겠습니다.

머리말

경기도 공공기관은 2024년에 신입사원을 통합채용할 예정이다. 경기도 공공기관의 채용절차는 「입사지원서 접수 ➜ 필기시험 ➜ 면접시험 ➜ 최종합격자 발표」 순서로 이루어진다. 필기시험은 인성검사와 직업기초능력평가로 진행된다. 그중 직업기초 능력평가는 의사소통능력, 수리능력, 문제해결능력, 자원관리능력, 조직이해능력 총 5개의 영역을 평가하며, 2023년 하반기에는 피듈형으로 진행되었다. 따라서 필기시 험에서 고득점을 받기 위해 다양한 유형에 대한 폭넓은 학습과 문제풀이능력을 높이 는 등 철저한 준비가 필요하다.

경기도 공공기관 합격을 위해 SD에듀에서는 기업별 NCS 시리즈 누적 판매량 1위의 출간 경험을 토대로 다음과 같은 특징을 가진 도서를 출간하였다.

도서의 특징

❶ 합격으로 이끌 가이드를 통한 채용 흐름 확인!
  • 경기도 공공기관 통합채용 공고와 최신 시험 분석을 수록하여 채용 흐름을 파악하는 데 도움이 될 수 있도록 하였다.

❷ 최종모의고사를 통한 완벽한 실전 대비!
  • 철저한 분석을 통해 실제 유형과 유사한 최종모의고사를 수록하여 자신의 실력을 최종 점검할 수 있 도록 하였다.

❸ 다양한 콘텐츠로 최종 합격까지!
  • 온라인 모의고사를 무료로 제공하여 필기시험에 대비할 수 있도록 하였다.
  • 모바일 OMR 답안채점/성적분석 서비스를 제공하여 자동으로 점수를 채점하고 확인할 수 있도록 하였다.

끝으로 본 도서를 통해 경기도 공공기관 통합채용을 준비하는 모든 수험생 여러분이 합격의 기쁨을 누리기를 진심으로 기원한다.

SDC(Sidae Data Center) 씀

신입 채용 안내 INFORMATION

기본 지원자격
채용 공공기관별 자격요건에 따름

통합채용 참여 공공기관

총 21개 기관 107명 채용		
경기주택도시공사	경기평택항만공사	경기관광공사
경기교통공사	경기연구원	경기신용보증재단
경기문화재단	경기테크노파크	한국도자재단
경기도수원월드컵경기장관리재단	경기도청소년수련원	경기아트센터
경기대진테크노파크	경기도농수산진흥원	경기도의료원
경기복지재단	경기도평생교육진흥원	경기도일자리재단
경기도시장상권진흥원	경기도사회서비스원	코리아경기도주식회사

필기시험

구분	내용	문항 수	시간
인성검사	인성 전반	210문항	30분
직업기초능력평가	의사소통능력, 수리능력, 문제해결능력, 자원관리능력, 조직이해능력	50문항	50분

❖ 채용안내는 2024년 상반기 채용공고를 기준으로 작성하였으나, 세부내용은 반드시 확정된 채용공고를 확인하기 바랍니다.

총평

2023년 하반기 경기도 공공기관 통합채용의 필기시험은 피듈형으로 출제되었으며, 다소 긴 지문의 50문항을 50분 이내에 풀어야 했기에 시간이 촉박했다는 후기가 많았다. 또한 전반적인 난이도가 예년에 비해 높아졌다는 후기가 다수였으므로, 다양한 영역과 유형에 대한 폭넓은 학습을 통해 취약한 부분을 최소화하려는 노력이 필요하다.

의사소통능력

출제 특징	• 내용 일치 문제가 출제됨 • 문단 나열 문제가 출제됨 • 맞춤법 문제가 출제됨 • 모듈이론 관련 문제가 다수 출제됨
출제 키워드	• 피타고라스의 음계, 싫증/실증, 틈틈이/틈틈히, 뇌졸중/뇌졸증, 논리적 오류, 올바른 경청 자세, 보고서 작성법 등

수리능력

출제 특징	• 응용 수리 문제가 다수 출제됨 • 수열 규칙 문제가 출제됨 • 자료 이해 문제가 출제됨
출제 키워드	• 반구와 원기둥의 겉넓이, 할인 가격, 공의 높이에 따른 시간, 경우의 수 등

자원관리능력

출제 특징	• 자료 해석 문제가 출제됨
출제 키워드	• 요일 등

조직이해능력

출제 특징	• 모듈이론 관련 문제가 출제됨
출제 키워드	• 원가우위 전략, 집중화 전략, 차별화 전략, 7S 등

NCS 문제 유형 소개 NCS TYPES

PSAT형

※ 다음은 K공단의 국내 출장비 지급 기준에 대한 자료이다. 이어지는 질문에 답하시오. **[15~16]**

〈국내 출장비 지급 기준〉

① 근무지로부터 편도 100km 미만의 출장은 공단 차량 이용을 원칙으로 하며, 다음 각호에 따라 "별표 1"에 해당하는 여비를 지급한다.

　㉠ 일비

　　ⓐ 근무시간 4시간 이상 : 전액

　　ⓑ 근무시간 4시간 미만 : 1일분의 2분의 1

　㉡ 식비 : 명령권자가 근무시간이 모두 소요되는 1일 출장으로 인정한 경우에는 1일분의 3분의 1 범위 내에서 지급

　㉢ 숙박비 : 편도 50km 이상의 출장 중 출장일수가 2일 이상으로 숙박이 필요할 경우, 증빙자료 제출 시 숙박비 지급

② 제1항에도 불구하고 공단 차량을 이용할 수 없어 개인 소유 차량으로 업무를 수행한 경우에는 일비를 지급하지 않고 이사장이 따로 정하는 바에 따라 교통비를 지급한다.

③ 근무지로부터 100km 이상의 출장은 "별표 1"에 따라 교통비 및 일비는 전액을, 식비는 1일분의 3분의 2 해당액을 지급한다. 다만, 업무 형편상 숙박이 필요하다고 인정할 경우에는 출장기간에 대하여 숙박비, 일비, 식비 전액을 지급할 수 있다.

〈별표 1〉

구분	교통비				일비 (1일)	숙박비 (1박)	식비 (1일)
	철도임	선임	항공임	자동차임			
임원 및 본부장	1등급	1등급	실비	실비	30,000원	실비	45,000원
1, 2급 부서장	1등급	2등급	실비	실비	25,000원	실비	35,000원
2, 3, 4급 부장	1등급	2등급	실비	실비	20,000원	실비	30,000원
4급 이하 팀원	2등급	2등급	실비	실비	20,000원	실비	30,000원

1. 교통비는 실비를 기준으로 하되, 실비 정산은 국토해양부장관 또는 특별시장·광역시장·도지사·특별자치도지사 등이 인허한 요금을 기준으로 한다.
2. 선임 구분표 중 1등급 해당자는 특등, 2등급 해당자는 1등을 적용한다.
3. 철도임 구분표 중 1등급은 고속철도 특실, 2등급은 고속철도 일반실을 적용한다.
4. 임원 및 본부장의 식비가 위 정액을 초과하였을 경우 실비를 지급할 수 있다.
5. 운임 및 숙박비의 할인이 가능한 경우에는 할인 요금으로 지급한다.
6. 자동차임 실비 지급은 연료비와 실제 통행료를 지급한다.
　(연료비)=[여행거리(km)]×(유가)÷(연비)
7. 임원 및 본부장을 제외한 직원의 숙박비는 70,000원을 한도로 실비를 정산할 수 있다.

특징
▶ 대부분 의사소통능력, 수리능력, 문제해결능력을 중심으로 출제(일부 기업의 경우 자원관리능력, 조직이해능력을 출제)
▶ 자료에 대한 추론 및 해석 능력을 요구

대행사
▶ 엑스퍼트컨설팅, 커리어넷, 태드솔루션, 한국행동과학연구소(행과연), 휴노 등

모듈형

| 대인관계능력

60 다음 자료는 갈등해결을 위한 6단계 프로세스이다. 3단계에 해당하는 대화의 예로 가장 적절한 것은?

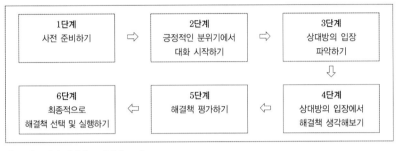

① 그럼 A씨의 생각대로 진행해 보시죠.

특징
▶ 이론 및 개념을 활용하여 푸는 유형
▶ 채용 기업 및 직무에 따라 NCS 직업기초능력평가 10개 영역 중 선발하여 출제
▶ 기업의 특성을 고려한 직무 관련 문제를 출제
▶ 주어진 상황에 대한 판단 및 이론 적용을 요구

대행사
▶ 인트로맨, 휴스테이션, ORP연구소 등

피듈형(PSAT형 + 모듈형)

| 문제해결능력

60 P회사는 직원 20명에게 나눠 줄 추석 선물 품목을 조사하였다. 다음은 유통업체별 품목 가격과 직원들의
품목 선호도를 나타낸 자료이다. 이를 참고하여 P회사에서 구매하는 물품과 업체를 바르게 연결한 것은?

〈업체별 품목 금액〉

구분		1세트당 가격	혜택
A업체	돼지고기	37,000원	10세트 이상 주문 시 배송 무료
	건어물	25,000원	
B업체	소고기	62,000원	20세트 주문 시 10% 할인
	참치	31,000원	
C업체	스팸	47,000원	50만 원 이상 주문 시 배송 무료
	김	15,000원	

〈구성원 품목 선호도〉

특징
▶ 기초 및 응용 모듈을 구분하여 푸는 유형
▶ 기초인지모듈과 응용업무모듈로 구분하여 출제
▶ PSAT형보다 난도가 낮은 편
▶ 유형이 정형화되어 있고, 유사한 유형의 문제를 세트로 출제

대행사
▶ 사람인, 스카우트, 인크루트, 커리어케어, 트리피, 한국사회능력개발원 등

주요 공기업 적중 문제 TEST CHECK

올바른 경청 자세 ▶ 유형

07 다음 중 경청하는 태도로 적절하지 않은 것은?

> 김사원 : 직원교육시간이요. 조금 귀찮기는 하지만 다양한 주제에 대해서 들을 수 있어서 좋은 것
> 같아요.
> 한사원 : 그렇죠? 이번 주 강의도 전 꽤 마음에 들더라고요. 그러고 보면, 어떻게 하면 말을 잘
> 할지는 생각해볼 수 있지만 잘 듣는 방법에는 소홀하기 쉬운 것 같아요.
> 김사원 : 맞아요. 잘 듣는 것이 대화에서 큰 의미를 가지는데도 그렇죠. 오늘 강의에서 들은 내용
> 대로 노력하면 상대방이 전달하는 메시지를 제대로 이해하는 데 문제가 없을 것 같아요.

① 상대방의 이야기를 들으면서 동시에 그 내용을 머릿속으로 정리한다.
② 상대방의 이야기를 들을 때 상대가 다음에 무슨 말을 할지 예상해본다.
③ 선입견이 개입되면 안 되기 때문에 나의 경험은 이야기와 연결 짓지 않는다.
④ 이야기를 듣기만 하는 것이 아니라 대화 내용에 대해 적극적으로 질문한다.

맥킨지 7S 모델 ▶ 키워드

06 다음은 조직문화가 어떻게 구성되는지를 이해하는 데 도움을 줄 수 있는 맥킨지 7S 모델(McKinsey 7S Model)을 나타낸 것이다. 이를 이해한 내용으로 적절하지 않은 것은?

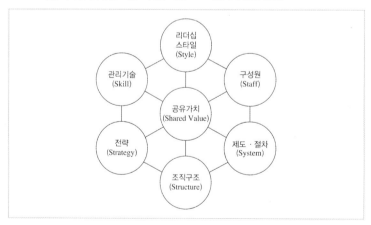

① 리더십 스타일(Style)은 관리자에 따라 민주적, 독선적, 방임적 등 다양하게 나타날 수 있다.
② 조직구조(Structure)는 구성원들이 보유하고 있는 능력, 스킬, 욕구, 태도 등을 말한다.
③ 전략(Strategy)에 따라 사업의 방향성이 달라질 수 있으며, 자원배분 과정도 결정될 수 있다.
④ 제도, 절차(System)는 성과관리, 보상제도, 경영정보시스템 등 경영 각 분야의 관리제도나 절차
등을 수반한다.

코레일 한국철도공사

이산화탄소 ▶ 키워드

13 다음은 온실가스 총 배출량에 대한 자료이다. 이에 대한 설명으로 옳지 않은 것은?

〈온실가스 총 배출량〉

(단위 : CO_2 eq.)

구분	2016년	2017년	2018년	2019년	2020년	2021년	2022년
총 배출량	592.1	596.5	681.8	685.9	695.2	689.1	690.2
에너지	505.3	512.2	593.4	596.1	605.1	597.7	601.0
산업공정	50.1	47.2	51.7	52.6	52.8	55.2	52.2
농업	21.2	21.7	21.2	21.5	21.4	20.8	20.6
폐기물	15.5	15.4	15.5	15.7	15.9	15.4	16.4
LULUCF	−57.3	−54.5	−48.5	−44.7	−42.7	−42.4	−44.4
순 배출량	534.8	542.0	633.3	641.2	652.5	646.7	645.8
총 배출량 증감률(%)	2.3	0.7	14.3	0.6	1.4	−0.9	0.2

※ CO_2 eq. : 이산화탄소 등가를 뜻하는 단위로, 온실가스 종류별 지구온난화 기여도를 수치로 표현한 지구온난화지수(GWP; Global Warming Potential)를 곱한 이산화탄소 환산량
※ LULUCF(Land Use, Land Use Change, Forestry) : 인간이 토지 이용에 따라 변화하게 되는 온실가스의 증감
※ (순 배출량)=(총 배출량)+(LULUCF)

① 온실가스 순 배출량은 2020년까지 지속해서 증가하다가 2021년부터 감소한다.
② 2022년 농업 온실가스 배출량은 2016년 대비 3%p 이상 감소하였다.
③ 2017 ~ 2022년 중 온실가스 총 배출량이 전년 대비 감소한 해에는 다른 해에 비해 산업공정 온실가스

국민건강보험공단

문단 나열 ▶ 유형

※ 다음 내용을 논리적 순서대로 바르게 나열한 것을 고르시오. [1~2]

01
어떤 문화의 변동은 결코 외래문화의 압도적 영향이나 이식에 의해 일방적으로 이루어지는 것이 아니라 수용 주체의 창조적·능동적 측면과 관련되어 이루어지는 매우 복합적인 성격의 것이다.
(가) 그리하여 외래문화 중에서 이러한 결핍 부분의 충족에 유용한 부분만을 선별해서 선택적으로 수용하게 된다.
(나) 이러한 수용 주체의 창조적·능동적 측면은 문화 수용과 변동에서 무엇보다도 우선하는 것인데, 이것이 외래문화 요소의 수용을 결정짓는다.
(다) 즉, 어떤 문화의 내부에 결핍 요인이 있을 때 그 문화의 창조적·능동적 측면은 이를 자체적으로 극복하려 노력하지만, 이러한 극복이 내부에서 성취될 수 없을 때 그것은 외래 요소의 수용을 통해 이를 이루고자 한다.
다시 말해 외래문화는 수용 주체의 내부 요인에 따라 수용 또는 거부되는 것이다.

① (가) – (나) – (다) ② (가) – (다) – (나)
③ (나) – (가) – (다) ④ (나) – (다) – (가)

도서 200% 활용하기 STRUCTURES

1 최종모의고사 + OMR을 활용한 실전 연습

경기도 공공기관 통합채용 필기시험

제1회 모의고사

문항 수 : 50문항
시험시간 : 50분

01 다음 문단을 논리적 순서대로 바르게 나열한 것은?

(가) 그런데 음악이 대량으로 복제되는 현상에 대한 비판적인 시각도 생겨났다. 대량 생산된 복제품은 예술 작품의 유일무이(唯一無二)한 가치를 상실케 하고 예술적 전통을 훼손한다는 것이다.

(나) MP3로 대표되는 복제 기술이 어떻게 발전할 것이며 그에 따라 음악은 어떤 변화를 겪을지, 우리가 누릴 수 있는 새로운 전통이 우리 삶을 어떻게 변화시킬지 생각해 보는 것은 매우 흥미로운 일이다.

(다) 근래에는 음악을 컴퓨터 파일의 형태로 바꾸는 기술이 개발되어 작품을 나누고 섞고 변화시키는 것이 훨씬 자유로워졌다. 이에 따라 낯선 곡은 반복을 통해 친숙한 음악으로, 친숙한 곡은 디지털 조작을 통해 낯선 음악으로 변모시킬 수 있게 되었다.

(라) 그러나 복제품은 자신이 생겨난 환경에 매여 있지 않기 때문에, 새로운 환경에서 새로운 예술적 전통을 만들어 낸다. 최근 음악 환경은 IT 기술의 발달과 보급에 따라 매우 빠르게 변화하고 있다.

① (나) – (가) – (라) – (다)
② (다) – (가) – (라) – (나)
③ (다) – (라) – (가) – (나)
④ (라) – (가) – (나) – (다)

경기도 공공기관 통합채용 필기시험 답안카드

성 명

지원 분야

문제지 형별기재란
( )형   Ⓐ Ⓑ

수 험 번 호

감독위원 확인
(인)

1	① ② ③ ④	21	① ② ③ ④	41	① ② ③ ④
2	① ② ③ ④	22	① ② ③ ④	42	① ② ③ ④
3	① ② ③ ④	23	① ② ③ ④	43	① ② ③ ④
4	① ② ③ ④	24	① ② ③ ④	44	① ② ③ ④
5	① ② ③ ④	25	① ② ③ ④	45	① ② ③ ④
6	① ② ③ ④	26	① ② ③ ④	46	① ② ③ ④
7	① ② ③ ④	27	① ② ③ ④	47	① ② ③ ④
8	① ② ③ ④	28	① ② ③ ④	48	① ② ③ ④
9	① ② ③ ④	29	① ② ③ ④	49	① ② ③ ④
10	① ② ③ ④	30	① ② ③ ④	50	① ② ③ ④
11	① ② ③ ④	31	① ② ③ ④		
12	① ② ③ ④	32	① ② ③ ④		
13	① ② ③ ④	33	① ② ③ ④		
14	① ② ③ ④	34	① ② ③ ④		
15	① ② ③ ④	35	① ② ③ ④		
16	① ② ③ ④	36	① ② ③ ④		
17	① ② ③ ④	37	① ② ③ ④		
18	① ② ③ ④	38	① ② ③ ④		
19	① ② ③ ④	39	① ② ③ ④		
20	① ② ③ ④	40	① ② ③ ④		

※ 본 답안지는 마킹연습용 모의 답안지입니다.

▶ NCS 최종모의고사와 OMR 답안카드를 수록하여 실제로 시험을 보는 것처럼 최종 마무리 연습을 할 수 있도록 하였다.
▶ 모바일 OMR 답안채점/성적분석 서비스를 통해 필기시험에 대비할 수 있도록 하였다.

2 상세한 해설로 정답과 오답을 완벽하게 이해

경기도 공공기관 통합채용 필기시험
제1회 모의고사 정답 및 해설

01	02	03	04	05	06	07	08	09	10
②	①	①	②	①	③	②	③	③	③
11	12	13	14	15	16	17	18	19	20
①	④	①	④	②	③	③	①	④	③
21	22	23	24	25	26	27	28		
④	③	②	①	③	②	①	②		
31	32	33	34	35	36	37	38		
41	42	43	44	45	46	47	48		
①	④	④	④	②	④	③	①		

04 정답 ②

제시문은 제1차 세계대전의 원인을 여러 방면에서 살펴봄과 동시에 방아쇠이자 효시가 되었던 오스트리아 황태자 부처 암살 사건

01

제시문은 음악을 쉽게 복제할 수 있는 환경이 되었으하는 시각이 등장했음을 소개하고, 비판적 시각에 대면서 미래에 대한 기대를 나타내는 내용의 글이다. 때악을 쉽게 변모시킬 수 있게 된 환경 → (가) 음악비판적인 시선의 등장 → (라) 이를 반박하는 복제물→ (나) 복제음으로 새롭게 등장한 전통에 대한 기대되어야 한다.

02

오답분석
② 생각컨대 → 생각건대
③ 틈틈히 → 틈틈이
④ 만난지 → 안난 지

03

두 번째 문단에 따르면 사람은 한쪽 눈으로 얻을 수서만으로도 이전의 경험으로부터 추론에 의하여 세로 인식할 수 있다. 즉, 사고로 한쪽 눈의 시력을 잃어눈에 맺혀진 2차원의 상들은 다양한 실마리를 통해가능하다.

경기도 공공기관 통합채용 필기시험
제2회 모의고사 정답 및 해설

01	02	03	04	05	06	07	08	09	10
④	④	③	③	②	①	②	③	④	④
11	12	13	14	15	16	17	18	19	20
④	④	①	④	①	①	③	②	④	②
21	22	23	24	25	26	27	28	29	30
②	②	②	②	①	③	①	②	④	①
31	32	33	34	35	36	37	38	39	40
41	42	43	44	45	46	47	48	49	50
②	②	①	④	②	②	②	②	①	④

01 정답 ④

경청을 통해 상대방의 입장에 공감하며, 상대방을 이해하게 된다는 것은 자신의 생각이나 느낌, 가치관 등의 선입견이나 편견을 가지고 상대방을 이해하려 하지 않고, 상대방으로 하여금 자신이 이해받고 있다는 느낌을 갖도록 하는 것이다.

02 정답 ④

• ⑤ : '뇌졸중(腦卒中)'은 뇌에 혈액 공급이 제대로 되지 않아 손발의 마비, 언어 장애 등을 일으키는 증상을 일컬으며, '뇌졸증'은 이러한 '뇌졸중'의 잘못된 표현이다.
• ⓒ : '꺼림칙하다'와 '꺼림직하다' 중 기존에는 '꺼림칙하다'만 표준어로 인정되었으나, 2018년 표준국어대사전이 수정됨에 따라 '꺼림직하다'도 표준어로 인정되었다. 따라서 '꺼림칙하다', '꺼림직하다' 모두 사용할 수 있다.

03 정답 ③

오답분석
① 문자와 모양의 의미를 외워야 하는 것은 문자 하나하나가 의미를 나타내는 표의문자인 한자에 해당한다.
② 한글이 표음문자인 것은 맞지만, 기본적으로 24개의 문자를 익혀야 학습할 수 있다.
④ '세종이 만든 28자는 세계에서 가장 훌륭한 알파벳'이라고 평가한 사람은 미국의 다이아몬드(J, Diamond) 교수이다.

04 정답 ③

피드백의 효과를 극대화하려면 즉각적(⑤)이고, 정직(ⓒ)하고 지지(ⓒ)하는 자세여야 한다.
⑤ 즉각적 : 시간을 낭비하지 않는 것이다. 다시 말하기를 통해 상대방의 말을 이해했다고 생각하자마자 명료화하고, 바로 피드백을 주는 것이 좋다. 시간이 갈수록 영향력은 줄어든다.
ⓒ 정직 : 진정한 반응뿐만 아니라 조정하고자 하는 마음 또는 보이고 싶지 않은 부정적인 느낌까지 보여주어야 한다.
ⓒ 지지 : 정직하다고 해서 잔인해서는 안 된다. 부정적인 의견을 표현할 때도 상대방의 자존심을 상하게 하거나 약점을 이용하거나 위협적인 표현 방법을 택하는 대신에 부드럽게 표현하는 방법을 발견해야 될요가 있다.

05 정답 ②

(라)의 '이러한 기술 발전'은 (나)의 내용에 해당하고, (가)의 '그러한 위험'은 (다)의 내용에 해당한다. 내용상 기술 혁신에 대해 먼저 설명하고 그 위험성이 이어져야 하므로 (나) - (라) - (다) - (가) 순서로 나열되는 것이 적절하다.

06 정답 ①

일본 젊은이들이 장기 침체와 청년실업이라는 경제적 배경 속에서 자동차를 사지 않는 풍조를 넘어 자동차가 없는 현실을 멋지게 받아들이는 단계로 접어든 것은 '못' 사는 것을 마치 '안' 사는 것처럼 포장한 것으로, 이런 풍조는 일종의 자기 최면이다.

07 정답 ②

제시문은 단순히 지방문화 축제의 특성을 설명하는 것이 아니라 지역문화 축제의 장점을 인식함으로써 지방자치 단체가 지역민들의 삶의 질을 높이고, 지역의 발전을 위해 각 지역에 적합한 지방문화축제를 개발해야 한다고 주장하고 있다.

08 정답 ③

'이러한 작업'이 구체화된 바로 앞 문장을 보면 그것은 부분적 관점의 과학적 지식과 기술을, 포괄적인 관점의 예술적 세계관을 바탕으로 이해하는 작업이므로 '과학의 예술화'가 가장 적절하다.

▶ 정답과 오답에 대한 상세한 해설을 수록하여 혼자서도 학습할 수 있도록 하였다.

이 책의 차례 CONTENTS

제1회
경기도 공공기관
통합채용

NCS 직업기초능력평가

〈문항 및 시험시간〉

평가영역	문항 수	시험시간	모바일 OMR 답안분석
의사소통능력＋수리능력＋문제해결 능력＋자원관리능력＋조직이해능력	50문항	50분	

제1회 모의고사

문항 수 : 50문항
시험시간 : 50분

01 다음 문단을 논리적 순서대로 바르게 나열한 것은?

> (가) 그런데 음악이 대량으로 복제되는 현상에 대한 비판적인 시각도 생겨났다. 대량 생산된 복제품은 예술
>   작품의 유일무이(唯一無二)한 가치를 상실케 하고 예술적 전통을 훼손한다는 것이다.
> (나) MP3로 대표되는 복제 기술이 어떻게 발전할 것이며 그에 따라 음악은 어떤 변화를 겪을지, 우리가 누릴
>   수 있는 새로운 전통이 우리 삶을 어떻게 변화시킬지 생각해 보는 것은 매우 흥미로운 일이다.
> (다) 근래에는 음악을 컴퓨터 파일의 형태로 바꾸는 기술이 개발되어 작품을 나누고 섞고 변화시키는 것이
>   훨씬 자유로워졌다. 이에 따라 낯선 곡은 반복을 통해 친숙한 음악으로, 친숙한 곡은 디지털 조작을 통
>   해 낯선 음악으로 변모시킬 수 있게 되었다.
> (라) 그러나 복제품은 자신이 생겨난 환경에 매여 있지 않기 때문에, 새로운 환경에서 새로운 예술적 전통을
>   만들어 낸다. 최근 음악 환경은 IT 기술의 발달과 보급에 따라 매우 빠르게 변화하고 있다.

① (나) - (가) - (라) - (다)
② (다) - (가) - (라) - (나)
③ (다) - (라) - (가) - (나)
④ (라) - (가) - (나) - (다)

02 다음 중 밑줄 친 부분의 맞춤법이 옳은 것은?

① 각 분야에서 <u>내로라하는</u> 사람들이 모였다.
② <u>생각컨대</u> 그가 거짓말을 하는 것이 분명했다.
③ 그녀는 봉사를 하는 <u>틈틈히</u> 공부를 했다.
④ 그를 <u>만난지</u> 벌써 두 달이 지났다.

03 다음 글의 내용으로 적절하지 않은 것은?

사람의 눈이 원래 하나였다면 세계를 입체적으로 지각할 수 있었을까? 입체 지각은 대상까지의 거리를 인식하여 세계를 3차원으로 파악하는 과정을 말한다. 입체 지각은 눈으로 들어오는 시각 정보로부터 다양한 단서를 얻어 이루어지는데, 이를 양안 단서와 단안 단서로 구분할 수 있다.

양안 단서는 양쪽 눈이 함께 작용하여 얻어지는 것으로, 양쪽 눈에서 보내오는 시차(視差)가 있는 유사한 상이 대표적이다. 단안 단서는 한쪽 눈으로 얻을 수 있는 것인데, 사람은 단안 단서만으로도 이전 경험으로부터의 추론에 의하여 세계를 3차원으로 인식할 수 있다. 망막에 맺히는 상은 2차원이지만 그 상들 사이의 깊이의 차이를 인식하게 해 주는 다양한 실마리를 통해 입체 지각이 이루어진다.

동일한 물체가 크기가 다르게 시야에 들어오면 우리는 더 큰 시각(視角)을 가진 쪽이 더 가까이 있다고 인식한다. 이렇게 물체의 상대적 크기는 대표적인 단안 단서이다. 또 다른 단안 단서로는 '직선 원근'이 있다. 우리는 앞으로 뻗은 길이나 레일이 만들어 내는 평행선의 폭이 좁은 쪽이 넓은 쪽보다 멀리 있다고 인식한다. 또 하나의 단안 단서인 '결 기울기'는 같은 대상이 집단적으로 어떤 면에 분포할 때, 시야에 동시에 나타나는 대상들의 연속적인 크기 변화로 얻어진다. 예를 들면 들판에 만발한 꽃을 보면 앞쪽은 꽃이 크고 뒤로 가면서 서서히 꽃이 작아지는 것으로 보이는데 이러한 시각적 단서가 쉽게 원근감을 일으킨다.

어떤 경우에는 운동으로부터 단안 단서를 얻을 수 있다. '운동 시차'는 관찰자가 운동할 때 정지한 물체들이 얼마나 빠르게 움직이는 것처럼 보이는지가 물체들까지의 상대적 거리에 대한 실마리를 제공하는 것이다. 예를 들어 기차를 타고 가다 창밖을 보면 가까이에 있는 나무는 빨리 지나가고 멀리 있는 산은 거의 정지해 있는 것처럼 보인다.

① 세계를 입체적으로 지각하기 위해서는 단서가 되는 다양한 시각 정보가 필요하다.
② 단안 단서에는 물체의 상대적 크기, 직선 원근, 결 기울기, 운동 시차 등이 있다.
③ 사고로 한쪽 눈의 시력을 잃은 사람은 입체 지각이 불가능하다.
④ 대상까지의 거리를 인식할 수 있어야 세계를 입체적으로 지각할 수 있다.

04 다음 글에 이어질 부분의 핵심 내용으로 가장 적절한 것은?

> 제1차 세계대전은 산업혁명 이후, 제국주의 국가들의 패권주의 성향 속에서 발생하였다. 구체적으로 말하면 영국과 독일의 대립(영국의 3C 정책과 독일의 3B 정책), 프랑스와 독일의 전통적 적대관계, 범슬라브주의와 범게르만주의의 대립, 발칸 문제를 둘러싼 세르비아와 오스트리아의 대립 등을 들 수 있을 것이다. 이러한 국가와 종족 간의 대립 속에서, 1914년 6월 28일 보스니아에서 행해지던 육군 대연습에 임석차 사라예보를 방문한 오스트리아 황태자 페르디난드 대공 부처가 세르비아의 반(反)오스트리아 비밀 결사 소속의 한 청년에 의해서 암살되는 사건이 발생했다. 제1차 세계대전은 제국주의 국가들의 이해관계 속에서 일어날 수밖에 없었다 하더라도, 세르비아 청년에 의해 오스트리아 황태자 부처가 암살되는 돌발적 사건이 발생하지 않았더라면 아마 제1차 세계대전의 발생은 또 다른 측면에서 다른 양상으로 전개되었을 것이다.

① 전쟁과 민족의 관계
② 역사의 필연성과 우연성
③ 제국주의와 식민지
④ 발칸 반도의 민족 구성

05 다음 글을 읽고 추론한 내용으로 가장 적절한 것은?

> 미적인 것이란 내재적이고 선험적인 예술 작품의 특성을 밝히는 데서 더 나아가 삶의 풍부하고 생동적인 양상과 가치, 목표를 예술 형식으로 변환한 것이다. 미(美)는 어떤 맥락으로부터도 자율적이기도 하지만 동시에 타율적이다. 미에 대한 자율적 견해를 지닌 칸트도 일견 타당하지만, 미를 도덕이나 목적론과 연관시킨 톨스토이나 마르크스도 타당하다. 우리가 길을 지나다 이름 모를 곡을 듣고서 아름답다고 느끼는 것처럼 순수미의 영역이 없는 것은 아니다. 하지만 그 곡이 독재자를 열렬히 지지하기 위한 선전곡이었음을 안 다음부터 그 곡을 혐오하듯 미(美) 또한 사회 경제적, 문화적 맥락의 영향을 받기도 한다.

① 작품의 구조 자체에 주목하여 문학작품을 감상해야 한다는 절대주의적 관점은 칸트의 견해와 유사하다.
② 톨스토이의 견해에 따라 시를 감상한다면 운율과 이미지, 시상 전개 등을 중심으로 감상해야 한다.
③ 칸트는 현실과 동떨어진 작품보다 부조리한 사회 현실을 고발하는 작품의 가치를 더 높게 평가하였을 것이다.
④ 칸트의 견해에 따르면 예술 작품이 독자에게 어떠한 영향을 미치느냐에 따라 작품의 가치가 달라질 수 있다.

06 다음 글의 글쓰기 전략으로 적절한 것을 〈보기〉에서 모두 고르면?

철학사에서 욕망은 보통 부정적인 것이며 무언가의 결핍으로 생각되어 왔다. 그러나 들뢰즈와 가타리는 욕망을 다르게 인식하였다. 그들은 욕망이 결핍과는 무관하다고 보았다. 또한 욕망은 무의식적 에너지의 능동적 흐름이며, 부정적인 것이 아니라 무언가를 생산하는 긍정적인 힘이라고 생각했다.

욕망은 창조적이며 생산적인 무의식이므로 사회는 이를 자유롭게 발현할 수 있는 방법을 모색해야 하지만, 권력을 가진 자는 늘 타인의 욕망을 적절히 통제하고 순응시키는 쪽으로만 전략을 수립해 왔다. 들뢰즈와 가타리는 여기에 주목했고 이러한 욕망의 통제 방식을 '코드화'라고 부르며 사회 체제가 갖는 문제점을 설명하였다.

그들에 따르면 부족을 이루며 생활했던 원시 사회부터 욕망은 통제되기 시작한다. 코드화가 이루어지는 시기인 셈이다. 하지만 이때까지는 다양한 욕망의 흐름을 각각에 어울리는 코드로 통제하는 방식이며 통제의 중심이라 할 만한 게 없는 시기이다. 욕망을 본격적으로 통제하게 되는 시기는 고대 사회이다.

여기서는 왕이 국가를 지배하며 이를 중심으로 욕망이 통제된다. 이것은 하나의 강력한 코드 아래에 다른 모든 코드들을 종속시킨다는 의미에서 '초코드화'라고 부를 수 있다. 이러한 초코드화 사회는 왕권이 붕괴되고 자본주의가 출현하기 이전까지 욕망을 다스리는 방식이었다.

현대 사회는 왕이 사라지고 코드의 중심이 없어짐으로써 다양한 욕망이 자유롭게 충족될 수 있는 탈코드화 사회인 것처럼 보인다. 하지만 들뢰즈와 가타리는 고대 사회의 왕의 역할을 자본이 대신하며 이를 중심으로 욕망이 통제된다는 점에서 현대 사회는 오히려 어느 사회보다도 강력한 초코드화가 이루어진 사회라고 보았다. 왜냐하면 현대 사회는 겉으로는 이전 사회에서 금기시되었던 모든 욕망을 충족시켜 주는 듯 보이나, 실상은 자본에 의해 욕망이 통제되고 있기 때문이다.

이처럼 들뢰즈와 가타리는 욕망의 코드화라는 개념을 적용하여 사회 체제의 변화를 설명하였고 욕망이 갖고 있는 능동성과 생성의 에너지가 상실되는 현상을 비판하였다. 이러한 제약을 해결하기 위해 그들은 코드화로부터 벗어나려는 태도가 필요하다고 보았다. 이것이 바로 '노마디즘'이다. 노마디즘은 주어진 코드에 따라 사유하고 행동하는 것이 아니라 늘 새로운 것, 창조적인 것을 찾아나서는 유목의 도(道)를 말하며 특정 가치와 삶의 방식에 얽매이지 않고 끊임없이 새로운 자아를 찾아가는 태도를 뜻한다.

─────〈보기〉─────

ㄱ. 주요 용어의 개념을 설명하여 이해를 도모한다.
ㄴ. 문답 형식으로 화제에 대해 구체적으로 설명한다.
ㄷ. 객관적 자료를 활용하여 비판적 시각을 드러낸다.
ㄹ. 특정 학자의 견해를 중심으로 세부 내용을 전개한다.

① ㄱ, ㄴ   ② ㄱ, ㄷ
③ ㄱ, ㄹ   ④ ㄴ, ㄹ

07 다음은 각 문서를 어떠한 기준에 따라 구분한 자료이다. 빈칸 ㉠ ~ ㉢에 들어갈 기준이 바르게 연결된 것은?

기준	종류
㉠	공문서
	사문서
㉡	내부결재문서
	대내문서, 대외문서, 발신자와 수신자 명의가 같은 문서
㉢	법규문서
	지시문서
	공고문서
	비치문서
	민원문서
	일반문서

	㉠	㉡	㉢
①	작성 주체	문서의 성질	유통 대상
②	작성 주체	유통 대상	문서의 성질
③	유통 대상	문서의 성질	작성 주체
④	유통 대상	작성 주체	문서의 성질

08 다음 글의 제목으로 가장 적절한 것은?

'100세 시대' 노인의 큰 고민거리 중 하나가 바로 주변의 도움 없이도 긴 세월을 잘 버텨낼 주거 공간이다. 이미 많은 언론에서 보도되었듯 우리나라는 '노인이 살기 불편한 나라'인 것이 사실이다. 일본이 고령화 시대의 도시 모델로 의(醫)·직(職)·주(住) 일체형 주거 단지를 도입하고 있는 데 비해 우리나라는 아직 노인을 위한 공용 주택도 변변치 않은 실정이다.

일본은 우리보다 30년 빠르게 고령화 사회에 당면했다. 이에 일본 정부는 개인 주택을 노인 친화적 구조로 개조하도록 전문 컨설턴트를 붙이고 보조금까지 주고 있다. 또한 사회 전반에는 장애 없는 '유니버설 디자인'을 보편화하도록 노력해 왔다. 그 결과 실내에 휠체어 작동 공간이 확보되고, 바닥에는 턱이 없으며, 손잡이와 미끄럼 방지 장치도 기본적으로 설치되었다. 이 같은 준비는 노쇠해 거동이 불편해져도 익숙한 집, 익숙한 마을에서 끝까지 살고 싶다는 노인들의 바람을 존중했기 때문이다. 그러나 이 정책의 이면에는 기하급수적으로 증가하는 사회 복지 비용을 절감하자는 목적도 있었다. 고령자 입주 시설을 설치하고 운영하는 비용이 재가 복지 비용보다 몇 배나 더 들기 때문이다.

우리나라의 경우 공동 주택인 아파트를 잘 활용하면 의외로 문제를 쉽게 풀 수 있을 것이다. 대규모 주거 단지의 일부를 고령 친화형으로 설계해서 노인 공유 동(棟)을 의무적으로 공급하는 것이다. 그곳에 식당, 욕실, 스포츠센터, 독서실, 오락실, 세탁실, 요양실, 게스트하우스, 육아 시설 등 노인들이 선호하는 시설을 넣으면 된다. 이러한 공유 공간은 가구당 전용 면적을 줄이고 공유 면적을 넓히면 해결된다. 이런 공유 경제가 확산되면 모든 공동 주택이 작은 공동체로 바뀌어갈 것이다. 공유 공간에서의 삶은 노인들만 모여 사는 실버타운과 달리 전체적인 활력도 높아질 것이다.

① 더욱더 빨라지는 고령화 속도를 줄이는 방법
② '유니버설 디자인'의 노인 친화적 주택
③ 노인 주거 문제, 소유에서 공유로 바꿔 해결하자.
④ 증가하는 사회 복지 비용, 그 해결 방안은?

09 다음 글을 읽고 추론한 내용으로 가장 적절한 것은?

> '쓰는 문화'가 책의 문화에서 가장 우선이다. 쓰는 이 없이는 책이 나올 수 없다. 그러나 지혜를 많이 갖고 있는 것과 그것을 글로 옮길 줄 아는 것은 별개의 문제이다. 엄격하게 이야기해서 지혜는 어떤 한 가지 일에 지속적으로 매달린 사람이면 누구나 머릿속에 쌓아두고 있는 것이다. 하지만 그것을 글로 옮기기 위해서는 특별하고도 고통스러운 훈련이 필요하다. 생각을 명료하게 정리하고 글 맥을 이어갈 줄 알아야 하며, 줄기찬 노력을 바칠 준비가 되어 있어야 한다. 모든 국민이 책 한 권을 남길 수 있을 만큼 쓰는 문화가 발달한 사회가 도래하면, 그때는 지혜의 르네상스가 가능할 것이다.
>
> '읽는 문화'의 실종, 그것이 바로 현대의 특징이다. 신문의 판매 부수가 날로 떨어져 가는 반면에 텔레비전의 시청률은 날로 증가하고 있다. 깨알 같은 글로 구성된 200쪽 이상의 책보다 그림과 여백이 압도적으로 많이 들어간 만화책 같은 것이 늘어나고 있다. 보는 문화가 읽는 문화를 대체해 가고 있다. 읽는 일에는 피로가 동반되지만 보는 놀이에는 휴식이 따라온다. 일을 저버리고 놀이만 좇는 문화가 범람하고 있지 않은가. 보는 놀이가 머리를 비게 하는 것은 너무나 당연하다. 읽는 일이 장려되지 않는 한 생각 없는 사회로 치달을 수밖에 없다. 책의 문화는 바로 읽는 일과 직결되며, 생각하는 사회를 만드는 지름길이다.

① 사람들이 텔레비전을 많이 볼수록 생각하는 시간이 적어진다.

② 고통스러운 훈련을 견뎌야 지혜로운 사람이 될 수 있다.

③ 텔레비전을 많이 보는 사람은 그렇지 않은 사람보다 신문을 적게 읽는다.

④ 만화책은 내용과 관계없이 그림의 수준이 높을수록 더 많이 판매될 것이다.

10 다음 중 밑줄 친 ㉠과 ㉡에 대한 설명으로 적절하지 않은 것은?

동영상 플랫폼 유튜브(Youtube)에는 'Me at the Zoo'라는 한 남성이 캘리포니아 동물원의 코끼리 우리 앞에 서서 18초 남짓한 시간 동안 코끼리 코를 칭찬하는 다소 평범한 내용의 영상이 게재돼 있다. 이 영상은 유튜브 최초의 동영상으로 누구나, 언제, 어디서나, 손쉽게 소통이 가능하다는 비디오콘텐츠의 장점을 여실히 보여주고 있다. 국내 온라인 커머스에서도 이러한 비디오콘텐츠에 주목한다.

스마트폰 보급률이 높아짐에 따라 모바일을 이용해 상품을 구매하는 소비자층이 늘어났다. 날이 갈수록 모바일 체류 시간이 늘고 있는 소비자들을 잡기 위해서는 최적화된 마케팅이 필요하다. 모바일을 활용한 마케팅은 기존 PC보다 작은 화면 안의 면밀하고 계획적인 공간 활용과 구성이 필요하다. 제품을 소개하는 글을 줄여 스크롤 압박을 최소화해야 하고, 재미와 즐거움을 줌으로써 고객들을 사로잡아야 한다. 이런 부분에서 비디오콘텐츠가 가장 효과적인 마케팅으로 볼 수 있다. 모든 것을 한 화면 안에서 보여줄 뿐만 아니라 시각과 청각을 자극해 시선을 끌기 쉽고, 정보를 효과적으로 전달하는 장점이 있기 때문이다.

비디오콘텐츠를 활용한 ㉠ 비디오 커머스(V-Commerce)는 기존 ㉡ 홈쇼핑과 유사한 맥락을 가지지만, 전달 형식에서 큰 차이가 있다. 홈쇼핑이 제품의 상세 설명이라면, 비디오 커머스는 제품의 사용 후기에 보다 집중된 모습을 보여준다. 또한 홈쇼핑을 정형화되고 깔끔하게 정리된 A급 콘텐츠라고 본다면, 비디오 커머스의 콘텐츠는 일상생활에서 흔하게 접할 수 있는 에피소드를 바탕으로 영상을 풀어나가는 B급 콘텐츠가 주를 이룬다. 주요 이용자가 40·50대인 홈쇼핑과 달리, 모바일의 주요 이용자는 20·30대로, 이들의 눈높이에 맞추다 보니 쉽고 가벼운 콘텐츠가 많이 등장하고 있는 것이다. 향후 비디오 커머스 시장이 확대되면 재미는 물론 더욱 다양한 상품정보와 소비욕구를 충족시키는 콘텐츠가 많이 등장할 것이다.

일반 중소상인들에게 홈쇼핑채널을 통한 입점과 판매는 진입장벽이 높지만, 비디오 커머스는 진입장벽이 낮고 SNS와 동영상 플랫폼을 잘 이용하면 전 세계 어디에나 진출할 수 있다. 동영상 콘텐츠 하나로 채널과 국가, 나아가 모든 영역을 넘나드는 새로운 비즈니스 모델의 창출이 가능한 셈이다.

① 소비자에게 ㉠은 제품 사용 후기를, ㉡은 제품에 대한 상세 설명을 전달한다.
② ㉠과 ㉡을 주로 이용하는 대상이 다르기 때문에 콘텐츠 내용의 차이가 나타난다.
③ ㉠은 ㉡과 달리 일반 중소상인들에게 진입장벽이 낮다.
④ 모바일을 이용하는 소비자가 늘어남에 따라 ㉡이 효과적인 마케팅으로 주목받고 있다.

11 K카드회사에서는 새로운 카드상품을 개발하기 위해 고객 1,000명을 대상으로 카드 이용 시 선호하는 부가서비스에 대해 조사하였다. 다음 조사 결과를 토대로 K카드회사 상품개발팀 직원들이 대화를 나누었을 때, 대화 내용으로 옳은 것은?

<카드 이용 시 고객이 선호하는 부가서비스>

(단위 : %)

구분	남성	여성	전체
포인트 적립	19	21	19.8
무이자 할부	17	18	17.4
주유 할인	15	6	11.4
쇼핑 할인	8	15	10.8
외식 할인	8	9	8.4
영화관 할인	8	11	9.2
통화료 / 인터넷 할인	7	8	7.4
은행수수료 할인	8	6	7.2
무응답	10	6	8.4

※ 총 8가지 부가서비스 중 선호하는 서비스 택 1, 무응답 가능

① J과장 : 부가서비스별로 선호하는 비중의 표준편차가 남성에 비해 여성이 더 큽니다.
② B사원 : 조사 과정에서 응답하지 않은 고객은 남성 50명, 여성 34명으로 총 84명입니다.
③ S주임 : 남성과 여성 모두 가장 선호하는 부가서비스는 포인트 적립서비스이며, 두 번째로는 남성은 주유 할인, 여성은 무이자 할부로 차이를 보이고 있습니다.
④ P대리 : 이번 조사 결과는 K카드를 이용하고 계신 고객 중 1,000명을 대상으로 선호하는 부가서비스에 대해 조사한 것으로서 성별 비율은 각각 50%입니다.

12 K공사에서 파견 근무를 나갈 10명을 뽑아 팀을 구성하려 한다. 새로운 팀 내에서 팀장 1명과 회계 담당 2명을 뽑으려고 할 때, 가능한 경우의 수는 모두 몇 가지인가?

① 300가지
② 320가지
③ 340가지
④ 360가지

13 매일의 날씨 자료를 수집 및 분석한 결과, 전날의 날씨를 기준으로 그 다음 날의 날씨가 변할 확률은 다음과 같았다. 만약 내일 날씨가 화창하다면, 사흘 뒤에 비가 올 확률은 얼마인가?

전날 날씨	다음 날 날씨	확률
화창	화창	25%
화창	비	30%
비	화창	40%
비	비	15%

※ 날씨는 '화창'과 '비'로만 구분하여 분석한다.

① 12% ② 13%

③ 14% ④ 15%

14 다음과 같이 일정한 규칙으로 수를 나열할 때, 빈칸에 들어갈 수는?

0	3	5	10	17	29	48	( )

① 55 ② 60

③ 71 ④ 79

15 집에서 약수터까지 가는 데 형은 $\frac{1}{2}$ m/s로 걸어서 10분 걸리고, 동생은 15분이 걸린다. 두 사람이 동시에 집에서 출발하여 약수터를 다녀오는데 형이 집에 도착했다면, 동생은 집에서 몇 m 떨어진 곳에 있는가?(단, 약수터에서 머문 시간은 생각하지 않는다)

① 150m ② 200m

③ 250m ④ 300m

16 다음은 K공사의 연도별 재무자료이다. 이를 바르게 해석하지 못한 사람은?

<K공사 연도별 재무자료>

(단위 : 억 원, %)

구분	자산	부채	자본	부채 비율
2014년	41,298	15,738	25,560	61.6
2015년	46,852	23,467	23,385	100.4
2016년	46,787	21,701	25,086	86.5
2017년	50,096	23,818	26,278	80.6
2018년	60,388	26,828	33,560	79.9
2019년	64,416	30,385	34,031	89.3
2020년	73,602	39,063	34,539	113.1
2021년	87,033	52,299	34,734	150.6
2022년	92,161	55,259	36,902	149.7
2023년	98,065	56,381	41,684	135.3

① A : 2023년의 자산과 자본은 10년 중 가장 많았지만, 그만큼 부채도 가장 많았네.
② B : 부채 비율이 전년 대비 가장 많이 증가한 해는 2015년이네.
③ C : 10년간 평균 부채 비율은 100% 미만이야.
④ D : K공사의 자본금은 2018년에 전년 대비 7,000억 원 이상 증가했는데, 이는 10년간 자본금 추이를 볼 때 두드러진 변화야.

17 K회사는 야유회 준비를 위해 500mL 물과 2L 음료수를 총 330개 구입하였다. 야유회에 참가한 직원을 대상으로 500mL 물은 1인당 1개, 2L 음료수는 5인당 1개씩 지급했더니 남거나 모자라지 않았다면, 야유회에 참가한 직원은 모두 몇 명인가?

① 280명
② 275명
③ 270명
④ 265명

※ 다음은 K사에서 제품별 밀 사용량을 조사한 그래프이다. 이어지는 질문에 답하시오. **[18~19]**

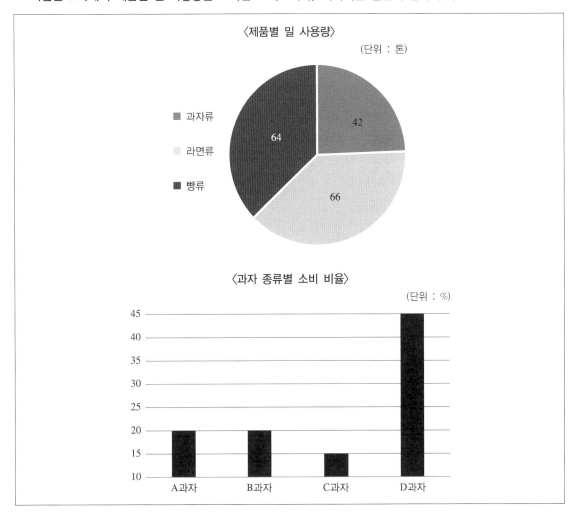

〈제품별 밀 사용량〉
(단위 : 톤)

■ 과자류
▨ 라면류
■ 빵류

64 / 42 / 66

〈과자 종류별 소비 비율〉
(단위 : %)

18 K사가 과자류에 밀 사용량을 늘리기로 결정하였다. 라면류와 빵류에 사용되는 밀 사용량의 각각 10%씩을 과자류에 사용한다면, 과자류에는 총 몇 톤의 밀을 사용하게 되는가?

① 45톤　　　　　　　　　　② 50톤
③ 55톤　　　　　　　　　　④ 60톤

19 A ~ D과자 중 가장 많이 밀을 사용하는 과자와 가장 적게 사용하는 과자의 밀 사용량 차이는 몇 톤인가?(단, 제품별 밀 사용량 그래프의 과자류 밀 사용량 기준이다)

① 10.2톤　　　　　　　　　② 11.5톤
③ 12.6톤　　　　　　　　　④ 13톤

20 다음은 15 ~ 24세의 청년을 대상으로 가장 선호하는 직장에 대해 조사한 통계 자료이다. 이를 해석한 내용으로 옳지 않은 것은?

〈15 ~ 24세가 가장 선호하는 직장〉

(단위 : %)

	구분	국가기관	공기업	대기업	벤처기업	외국계기업	전문직기업	중소기업	해외취업	자영업	기타
성별	남성	32.2	11.1	19.5	5	2.8	11.9	2.9	1.8	11.9	0.9
	여성	34.7	10.9	14.8	1.8	4.5	18.5	2	3.7	7.9	1.2
연령	15 ~ 18세	35.9	8.1	18.4	4.1	3.1	17.2	2.2	2.7	7.1	1.2
	19 ~ 24세	31.7	13.2	16	2.7	4.2	14	2.6	2.8	11.9	0.9
학력	중학교 재학	35.3	10.3	17.6	3.5	3.9	16.5	2	3.1	6.7	1.1
	고등학교 재학	35.9	7.8	18.5	4.3	3	17.5	2.1	2.8	6.8	1.3
	대학교 재학	34.3	14.4	15.9	2.3	5.4	14.6	1.9	3.8	6.5	0.9
	기타	30.4	12.1	16.1	3	3.3	13.5	3.1	2.3	15.3	0.9
가구소득	100만 원 미만	31.9	9.5	18.5	3.9	2.8	15	3	2.5	11.3	1.6
	100 ~ 200만 원 미만	32.6	10.4	19.1	3.5	3.1	14.2	2.6	2.2	11.4	0.9
	200 ~ 300만 원 미만	34.7	11.2	15.9	3.1	3.1	16.1	2.5	2.5	9.8	1.1
	300 ~ 400만 원 미만	36.5	12	15.3	3.6	4	14.5	2.1	3	8.2	0.8
	400 ~ 600만 원 미만	31.9	12	17	2.4	6.4	16.5	1.9	4.6	6.5	0.8
	600만 원 이상	29.1	11.1	15.5	2.8	6.1	18	1.7	3.5	10.5	1.7

① 가구소득이 많을수록 중소기업을 선호하는 비율은 줄어들고 있다.

② 연령을 기준으로 세 번째로 선호하는 직장은 15 ~ 18세의 경우와 19 ~ 24세의 경우가 같다.

③ 국가기관은 모든 집단에서 가장 선호하는 직장임을 알 수 있다.

④ 남성과 여성 모두 국가기관에 대한 선호 비율은 공기업에 대한 선호 비율의 3배 이상이다.

21 다음 사례에 나타난 홍보팀 팀장의 상황은 문제해결절차의 어느 단계에 해당하는가?

K회사는 이번에 새로 출시한 제품의 판매가 생각보다 저조하여 그 원인에 대해 조사하였고, 그 결과 신제품 홍보 방안이 미흡하다고 판단하였다. 효과적인 홍보 방안을 마련하기 위해 홍보팀에서는 회의를 진행하였고, 팀원들은 다양한 홍보 방안을 제시하였다. 홍보팀 팀장은 중요도와 실현 가능성 등을 고려하여 팀원들의 다양한 의견 중 최종 홍보 방안을 결정하고자 한다.

① 문제 인식
② 문제 도출
③ 원인 분석
④ 해결안 개발

22 K은행에 근무 중인 A사원은 국내 금융 시장에 대한 보고서를 작성하면서 K은행에 대한 SWOT 분석을 진행하였다. 다음 중 위협 요인에 들어갈 내용으로 옳지 않은 것은?

강점(Strength)	약점(Weakness)
• 지속적 혁신에 대한 경영자의 긍정적 마인드 • 고객만족도 1위의 높은 고객 충성도 • 다양한 투자 상품 개발	• 해외 투자 경험 부족으로 취약한 글로벌 경쟁력 • 소매 금융에 비해 부족한 기업 금융
기회(Opportunity)	위협(Threat)
• 국내 유동자금의 증가 • 해외 금융시장 진출 확대 • 정부의 규제 완화 정책	

① 정부의 정책 노선 혼란 등으로 인한 시장의 불확실성 증가
② 경기 침체 장기화
③ 부족한 리스크 관리 능력
④ 금융업의 경계 파괴에 따른 경쟁 심화

※ K회사는 생산된 제품의 품번을 다음과 같은 규칙으로 정한다. 이어지는 질문에 답하시오. **[23~25]**

<규칙>

• 알파벳 a ~ z를 숫자 1, 2, 3, …으로 변환한 후 다음 단계에 따라 품번을 구한다.
 − 1단계 : 제품에 설정된 임의의 영단어를 숫자로 변환한 값의 합을 구한다.
 − 2단계 : 임의의 단어 속 모음의 합의 제곱 값을 모음의 개수로 나눈다. 이 값이 정수가 아닐 경우, 소수점 첫째 자리에서 버림한 값을 취한다.
 − 3단계 : 1단계의 값과 2단계의 값을 더한다.

23 제품에 설정된 임의의 영단어가 'abroad'일 경우, 이 제품의 품번을 바르게 구한 것은?

① 110 ② 137

③ 311 ④ 330

24 제품에 설정된 임의의 영단어가 'positivity'일 경우, 이 제품의 품번을 바르게 구한 것은?

① 605 ② 819

③ 1764 ④ 1928

25 제품에 설정된 임의의 영단어가 'endeavor'일 경우, 이 제품의 품번을 바르게 구한 것은?

① 110 ② 169

③ 253 ④ 676

26 A ~ D는 한 판의 가위바위보를 한 후 그 결과에 대해 각각 두 가지의 진술을 하였다. 두 가지의 진술 중 하나는 반드시 참이고, 하나는 반드시 거짓이라고 할 때, 다음 중 항상 참인 것은?

A : C는 B를 이길 수 있는 것을 냈고, B는 가위를 냈다.
B : A는 C와 같은 것을 냈지만, A가 편 손가락의 수는 나보다 적었다.
C : B는 바위를 냈고, 그 누구도 같은 것을 내지 않았다.
D : A, B, C 모두 참 또는 거짓을 말한 순서가 동일하다. 이 판은 승자가 나온 판이었다.

① B와 같은 것을 낸 사람이 있다.
② 보를 낸 사람은 1명이다.
③ D는 혼자 가위를 냈다.
④ B가 기권했다면 가위를 낸 사람이 지는 판이다.

27 다음 〈조건〉을 토대로 바르게 추론한 것은?

〈조건〉
• 수진이는 어제 밤 10시에 자서 오늘 아침 7시에 일어났다.
• 지은이는 어제 수진이보다 30분 늦게 자서 오늘 아침 7시가 되기 10분 전에 일어났다.
• 혜진이는 항상 밤 9시에 자고, 8시간의 수면 시간을 지킨다.
• 정은이는 어제 수진이보다 10분 늦게 잤고, 혜진이보다 30분 늦게 일어났다.

① 지은이는 가장 먼저 일어났다.
② 정은이는 가장 늦게 일어났다.
③ 혜진이의 수면 시간이 가장 짧다.
④ 수진이의 수면 시간이 가장 길다.

28 K병원은 현재 영양제 할인행사를 진행하고 있다. K병원에서 근무하는 A씨가 할인행사에 대한 고객들의 문의내용에 다음과 같이 답변했을 때, 답변 내용으로 가장 적절한 것은?

〈K병원 영양제 할인행사 안내〉

▶ 대상 : K병원 모든 외래·입원환자
▶ 기간 : 7월 1 ~ 31일 한 달간

구분	웰빙코스	케어코스	헬스코스	종합코스	폼스티엔에이페리주 치료
대상	• 만성피로 직장인 • 간 질환자	• 노인성 질환자 • 수험생 • 비만인	• 집중력 및 기억력 감퇴자 • 급성·만성 간염자 • 운동선수	• 당뇨병 환자 • 심혈관 환자 • 만성피로 증후군 • 노인, 직장인 • 비만인, 수험생 • 운동선수	• 경구 또는 위장관 영양공급이 불가능·불충분하거나 제한되어 경정맥에 영양공급을 해야 하는 환자
효능	• 간 해독효과 • 피로회복 • 식욕부진 호전 • 피부질환 예방	• 손발 저림 개선 • 어깨통증 완화 • 피로회복 • 집중력 증대 • 다이어트	• 간세포 괴사 억제 • 전신 권태감 개선 • 인식력 저하 개선 • 학습능력 향상	• 피로회복 • 간 기능 개선 • 집중력 증대 • 손발 저림 개선 • 어깨통증 완화 • 다이어트 • 피부질환 예방	• 칼로리, 아미노산 공급 • 필수지방, 오메가-3 지방산 공급
가격	85,000원 → 59,500원	70,000원 → 49,000원	75,000원 → 52,500원	100,000원 → 70,000원	120,000원 → 84,000원

① 문의 : K병원에서 영양제 할인행사를 한다고 들었는데 얼마나 할인되는 건가요?
　　답변 : 폼스티엔에이페리주 치료를 제외한 전체 코스에서 모두 30% 할인됩니다.
② 문의 : 제가 요새 식욕부진으로 고생 중인데 어떤 영양제 코스를 받는 게 좋을까요?
　　답변 : 할인을 통해 52,500원인 헬스코스를 추천드립니다.
③ 문의 : 손발 저림에 효과 있는 영양제 코스가 있을까요?
　　답변 : 케어코스가 있습니다. 혹시 피부질환도 치료를 원하실 경우 종합코스를 추천드립니다.
④ 문의 : 제가 좀 비만이라 그런데 비만에 도움되는 코스도 있을까요?
　　답변 : 다이어트에 도움을 주는 케어코스 어떠실까요? 8월까지 할인행사 진행 중입니다.

29 K공사의 A ~ E사원은 다음 〈조건〉에 따라 야근을 한다. 수요일에 야근하는 사람은?

〈조건〉

- 사장님이 출근할 때는 모든 사람이 야근을 한다.
- E는 화요일에 야근을 한다.
- A가 야근할 때 C도 반드시 야근을 해야 한다.
- 수요일에는 한 명만 야근을 한다.
- 사장님은 월요일과 목요일에 출근한다.
- 월요일부터 금요일까지 한 사람당 3번 야근을 한다.
- B는 금요일에 야근을 한다.

① A   ② B

③ C   ④ D

30 다음 〈보기〉 중 설정형 문제에 해당하는 것을 모두 고르면?

〈보기〉

- ㉠ 회전 교차로에서 교통사고가 발생하여 도움을 청하는 전화가 오고 있다.
- ㉡ 새로 만들어지는 인공섬에서 예측되는 교통사고를 파악해야 한다.
- ㉢ 새로 설치한 신호등의 고장으로 교통체증이 심해지고 있다.
- ㉣ 순경들의 안전을 위한 방침을 조사해야 한다.
- ㉤ 교차로에서 발생하는 교통사고를 줄이기 위한 보고서를 작성해야 한다.

① ㉠   ② ㉡

③ ㉡, ㉢   ④ ㉣, ㉤

31 다음은 K회사의 재고 관리에 대한 자료이다. 금요일까지 부품 재고 수량이 남지 않게 완성품을 만들 수 있도록 월요일에 주문할 부품 A∼C의 개수가 바르게 연결된 것은?(단, 주어진 조건 이외에는 고려하지 않는다)

〈부품 재고 수량과 완성품 1개당 소요량〉

부품명	부품 재고 수량	완성품 1개당 소요량
A	500	10
B	120	3
C	250	5

〈완성품 납품 수량〉

항목 　　　　　 요일	월	화	수	목	금
완성품 납품 개수	없음	30	20	30	20

※ 부품 주문은 월요일에 한 번 신청하며, 화요일 작업 시작 전에 입고된다.
※ 완성품은 부품 A, B, C를 모두 조립해야 한다.

	A	B	C		A	B	C
①	100	100	100	②	100	180	200
③	500	100	100	④	500	180	250

32 K씨는 밤도깨비 야시장에서 푸드 트럭을 운영하기로 계획하고 있다. 다음 자료를 참고하여 순이익이 가장 높은 메인 메뉴 한 가지를 선정하려고 할 때, K씨가 선정할 메뉴로 옳은 것은?

메뉴	예상 월간 판매량(개)	생산 단가(원)	판매 가격(원)
A	500	3,500	4,000
B	300	5,500	6,000
C	400	4,000	5,000
D	200	6,000	7,000

① A

③ C

② B

④ D

33 K기업의 해외사업부는 7월 중에 2박 3일로 워크숍을 떠나려고 한다. 사우들의 단합을 위해 일정은 주로 야외 활동으로 잡았다. 7월 미세먼지 예보와 다음 〈조건〉을 고려했을 때, 워크숍 일정으로 가장 적절한 날짜는?

〈미세먼지 PM$_{10}$ 등급〉

구간	좋음	보통	약간 나쁨	나쁨	매우 나쁨
예측농도(μg/m^3·일)	0 ~ 30	31 ~ 80	81 ~ 120	121 ~ 200	201 ~

〈7월 미세먼지 예보〉

일	월	화	수	목	금	토
	1 204μg/m^3	2 125μg/m^3	3 123μg/m^3	4 25μg/m^3	5 132μg/m^3	6 70μg/m^3
7 10μg/m^3	8 115μg/m^3	9 30μg/m^3	10 200μg/m^3	11 116μg/m^3	12 121μg/m^3	13 62μg/m^3
14 56μg/m^3	15 150μg/m^3	16 140μg/m^3	17 135μg/m^3	18 122μg/m^3	19 98μg/m^3	20 205μg/m^3
21 77μg/m^3	22 17μg/m^3	23 174μg/m^3	24 155μg/m^3	25 110μg/m^3	26 80μg/m^3	27 181μg/m^3
28 125μg/m^3	29 70μg/m^3	30 85μg/m^3	31 125μg/m^3			

〈조건〉
- 첫째 날과 둘째 날은 예측농도가 '좋음 ~ 약간 나쁨' 사이여야 한다.
- 워크숍 일정은 평일로 하되 불가피할 시 토요일을 워크숍 마지막 날로 정할 수 있다.
- 매달 둘째, 넷째 주 수요일에는 기획회의가 있다.
- 셋째 주 금요일 저녁에는 우수성과팀 시상식이 있다.
- 7월 29 ~ 31일은 중국 현지에서 열리는 컨퍼런스에 참여한다.

① 1 ~ 3일   ② 8 ~ 10일
③ 17 ~ 19일   ④ 25 ~ 27일

34 K회사의 생산공정 현황은 다음과 같다. 한 공정이 A ~ G단계를 모두 거쳐야 된다고 할 때, 공정이 모두 마무리되려면 최소 며칠이 걸리는가?

<생산공정 현황>

구분	소요기간	선행단계
A단계	2일	-
B단계	5일	A
C단계	3일	-
D단계	8일	-
E단계	3일	-
F단계	3일	D
G단계	5일	B

※ 모든 단계는 동시에 시작할 수 있지만, 선행단계가 있는 경우 선행단계가 모두 마무리되어야 다음 단계를 시작할 수 있다.

① 6일 ② 8일
③ 10일 ④ 12일

35 다음은 자원관리 방법의 하나인 전사적 자원관리에 대한 설명이다. 〈보기〉 중 이에 대한 사례로 보기 어려운 것을 모두 고르면?

전사적 자원관리(ERP)는 기업 활동을 위해 사용되는 기업 내의 모든 인적·물적 자원을 효율적으로 관리하여 궁극적으로 기업의 경쟁력을 강화시켜 주는 역할을 하는 통합정보 시스템을 말한다. 이 용어는 미국 코네티컷주 정보기술 컨설팅회사인 가트너 그룹이 처음 사용한 것으로 알려져 있다. 전사적 자원관리는 인사·재무·생산 등 기업의 전 부문에 걸쳐 독립적으로 운영되던 인사정보시스템·재무정보시스템·생산관리시스템 등을 하나로 통합하여 기업 내 인적·물적 자원의 활용도를 극대화하고자 하는 경영 혁신기법이다.

─〈보기〉─
ㄱ. A사는 총무부 내 재무회계팀과 생산관리부의 물량계획팀을 통합하였다.
ㄴ. B사는 지점총괄부를 지점인사관리실과 지점재정관리실로 분리하였다.
ㄷ. C사는 국내 생산 공장의 물류 포털을 본사의 재무관리 포털에 흡수시켜 통합하였다.
ㄹ. D사는 신규 직원 채용에 있어 인사직무와 회계직무를 구분하여 채용하기로 하였다.

① ㄱ, ㄴ ② ㄱ, ㄷ
③ ㄴ, ㄹ ④ ㄷ, ㄹ

36 현재 K마트에서는 배추를 한 포기당 3,000원에 판매하고 있다고 한다. 다음은 배추의 유통 과정을 나타낸 자료이며, 이를 참고하여 최대의 이익을 내고자 한다. X, Y산지 중 어느 곳을 선택하는 것이 좋으며, 최종적으로 K마트에서 배추 한 포기당 얻을 수 있는 수익은 얼마인가?(단, 소수점 첫째 자리에서 반올림한다)

〈산지별 배추 유통 과정〉

구분	X산지	Y산지
재배원가	1,000원	1,500원
산지 → 경매인	재배원가에 20%의 이윤을 붙여서 판매한다.	재배원가에 10%의 이윤을 붙여서 판매한다.
경매인 → 도매상인	산지가격에 25%의 이윤을 붙여서 판매한다.	산지가격에 10%의 이윤을 붙여서 판매한다.
도매상인 → 마트	경매가격에 30%의 이윤을 붙여서 판매한다.	경매가격에 10%의 이윤을 붙여서 판매한다.

	산지	이익
①	X	1,003원
②	X	1,050원
③	Y	1,003원
④	Y	1,050원

37 다음 주어진 자료를 보고 하루 동안 고용할 수 있는 최대 인원은?

총 예산	본예산	500,000원
	예비비	100,000원
고용비	1인당 수당	50,000원
	산재보험료	(수당)×0.504%
	고용보험료	(수당)×1.3%

① 10명 ② 11명
③ 12명 ④ 13명

38 K공사는 재건축매입임대사업을 진행하고자 한다. A대리는 결혼 5주년을 맞아 재건축매입임대사업 일정에 지장이 가지 않는 범위 내에서 7월 중에 연이어 연차 2일을 사용하여 아내와 해외여행을 가고자 한다. 재건축매입임대사업이 다음 진행 정보에 따라 진행될 때, A대리가 연차를 사용할 수 있는 날짜로 옳은 것은?

〈재건축매입임대사업 진행 정보〉

- 재건축매입임대사업은 '재건축주택 인수요청 → 인수자 지정요청 → 인수자 지정 및 통보 → 인수계약체결 → 개별 임대계획수립 → 임대주택공급일 공지' 단계로 진행된다.
- 주거복지사업처는 7월 1일에 재건축주택 인수요청을 시작하였다.
- 인수자 지정요청에는 근무일 1일, 인수자 지정 및 통보에는 근무일 4일, 그 외 단계에는 근무일 2일이 소요된다.
- 재건축매입임대사업의 각 단계는 휴일 포함 최소 1일 이상의 간격을 두고 진행해야 한다.
- 주거복지사업처장은 임대주택공급일 공지를 7월 25일까지 완료하고자 한다.

〈7월 달력〉

일요일	월요일	화요일	수요일	목요일	금요일	토요일
	1	2	3	4	5	6
7	8	9	10	11	12	13
14	15	16	17	18	19	20
21	22	23	24	25	26	27
28	29	30	31			

※ 주거복지사업처는 공휴일이 아닌 주중에만 근무한다.
※ 연차는 근무일에 사용한다.

① 3 ~ 4일
② 8 ~ 9일
③ 9 ~ 10일
④ 11 ~ 12일

※ K회사는 임직원 해외연수를 추진하고 있다. 다음 자료를 보고 이어지는 질문에 답하시오. [39~40]

〈2024년 임직원 해외연수 공지사항〉

- 해외연수 국가 : 네덜란드, 일본
- 해외연수 일정 : 2024년 4월 11 ~ 20일(10일간)
- 해외연수 인원 : 나라별 2명씩 총 4명
- 해외연수 인원 선발 방법 : 2023년 하반기 업무평가 항목 평균 점수 상위 4명 선발

〈K회사 임직원 2023년 하반기 업무평가〉

성명	직급	2023년 하반기 업무평가		
		조직기여(점)	대외협력(점)	기획(점)
유시진	팀장	58	68	83
최은서	팀장	79	98	96
양현종	과장	84	72	86
오선진	대리	55	91	75
이진영	대리	90	84	97
장수원	대리	78	95	85
김태균	주임	97	76	72
류현진	주임	69	78	54
강백호	사원	77	83	66
최재훈	사원	80	94	92

39 다음 중 해외연수 대상자가 될 수 있는 직원으로 짝지어진 것은?

① 유시진, 최은서 ② 양현종, 오선진
③ 이진영, 장수원 ④ 김태균, 류현진

40 2024년 임직원 해외연수 인원을 나라별로 1명씩 늘려 총 6명으로 확대하려고 한다. 이때, 해외연수 대상자가 될 수 없는 직원은?

① 양현종 ② 오선진
③ 이진영 ④ 김태균

41 다음 글에서 설명하고 있는 리더십능력은 무엇인가?

> 개인이 지닌 능력을 최대한 발휘하여 목표를 이룰 수 있도록 돕는 일로, 커뮤니케이션 과정의 모든 단계에서 활용할 수 있다. 직원들에게 질문을 던지는 한편 직원들의 의견을 적극적으로 경청하고, 필요한 지원을 아끼지 않아 생산성을 높이고 기술 수준을 발전시키며, 자기 향상을 도모하는 직원들에게 도움을 주고 업무에 대한 만족감을 높이는 과정이다. 즉, 관리가 아닌 커뮤니케이션의 도구이다.

① 코칭   ② 티칭
③ 멘토링   ④ 컨설팅

42 K씨는 취업스터디에서 마이클 포터의 본원적 경쟁전략을 토대로 기업의 경영전략을 정리하고자 한다. 다음 중 〈보기〉의 내용이 바르게 분류된 것은?

> • 차별화 전략 : 가격 이상의 가치로 브랜드 충성심을 이끌어 내는 전략이다.
> • 원가우위 전략 : 업계에서 가장 낮은 원가로 우위를 확보하는 전략이다.
> • 집중화 전략 : 특정 세분시장만 집중공략하는 전략이다.

〈보기〉

> ㉠ I기업은 S/W에 집중하기 위해 H/W의 한글전용 PC분야를 한국계기업과 전략적으로 제휴하고 회사를 설립해 조직체에 위양하였으며 이후 고유분야였던 S/W에 자원을 집중하였다.
> ㉡ B마트는 재고 네트워크를 전산화하여 원가를 절감하고 양질의 제품을 최저가격에 판매하고 있다.
> ㉢ A호텔은 5성급 호텔로 하루 숙박비용이 상당히 비싸지만, 환상적인 풍경과 더불어 친절한 서비스를 제공하고 객실 내 제품이 모두 최고급으로 비치되어 있어 이용객들에게 높은 만족도를 준다.

	차별화 전략	원가우위 전략	집중화 전략
①	㉠	㉡	㉢
②	㉠	㉢	㉡
③	㉡	㉠	㉢
④	㉢	㉡	㉠

43 다음 글을 읽고 A사원이 처리할 첫 업무와 마지막 업무를 바르게 짝지은 것은?

A씨, 우리 팀이 준비하는 프로젝트가 마무리 단계인 건 알고 있죠? 이제 그동안 진행해 온 팀 프로젝트를 발표해야 하는데 A씨가 발표자로 선정되어서 몇 가지 말씀드릴 게 있어요. 우선 둘째 주 월요일 오후 4시에 발표를 할 예정이니 그 시간에 비어있는 회의실을 찾아보고 예약해 주세요. 오늘이 벌써 첫째 주 수요일이네요. 보통 일주일 전에는 예약해야 하니 최대한 빨리 확인하고 예약해 주셔야 합니다. 또 발표 내용을 PPT 파일로 만들어서 저한테 메일로 보내 주세요. 검토 후 수정사항을 회신할 테니 반영해서 최종본 내용을 브로슈어에 넣어 주세요. 최종본 내용을 모두 입력하면 디자인팀 D대리님께 파일을 넘겨줘야 해요. 디자인팀에서 작업 후 인쇄소로 보낼 겁니다. 최종 브로슈어는 1층 인쇄소에서 받아오시면 되는데 원래는 한나절이면 찾을 수 있지만 이번에 인쇄 주문 건이 많아서 다음 주 월요일에 찾을 수 있을 거예요. 아, 그리고 브로슈어 내용 정리 전에 작년에 프로젝트 발표자였던 B주임에게 물어보면 어떤 식으로 작성해야 할지 이야기해 줄 거예요.

① PPT 작성 – D대리에게 파일 전달
② 회의실 예약 – B주임에게 조언 구하기
③ 회의실 예약 – 인쇄소 방문
④ B주임에게 조언 구하기 – 인쇄소 방문

44 다음 중 집단의사결정의 장점으로 옳지 않은 것은?

① 집단이 가진 지식과 정보로 인해 더 효과적인 결정을 할 수 있다.
② 다양한 구성원이 있기 때문에 다양한 시각으로 문제를 볼 수 있다.
③ 전체 구성원들의 의견이 잘 반영된 의사결정이 이루어질 수 있다.
④ 의사결정에 참여한 사람들이 해결책을 수월하게 수용할 수 있게 한다.

45 다음 중 집단 간 관계에 대해 바르게 설명한 직원을 모두 고르면?

A대리 : 영업팀 간 경쟁이 치열해지고 있네요. 이런 집단 간 경쟁은 주로 조직 내 한정된 자원을 더 많이 가져가려고 해서 발생하는 것 같아요.
B차장 : 맞아. 조직 내 집단들이 서로 상반되는 목표를 추구할 때도 경쟁이 발생하기도 하지.
C주임 : 그런데 오히려 각 영업팀이 내부적으로는 더 결속되는 것 같아요. 역시 경쟁은 치열할수록 조직에 이로운 것 같습니다.
D주임 : 그래도 너무 치열해지면 오히려 조직 전반에 비능률을 초래해.

① A대리
② C주임
③ A대리, B차장, C주임
④ A대리, B차장, D주임

※ 다음은 K공사 조직도의 일부이다. 이어지는 질문에 답하시오. **[46~47]**

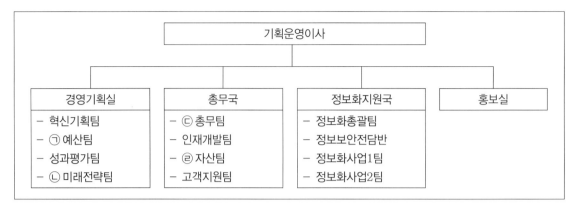

46 다음 중 K공사의 각 부서와 업무가 바르게 연결되지 않은 것은?

① ㉠ : 수입·지출 예산 편성 및 배정 관리

② ㉡ : 공단사업 관련 연구과제 개발 및 추진

③ ㉢ : 복무관리 및 보건·복리 후생

④ ㉣ : 예산집행 조정, 통제 및 결산 총괄

47 다음 중 정보보안전담반의 업무로 적절하지 않은 것은?

① 정보보안기본지침 및 개인정보보호지침 제·개정 관리

② 직원 개인정보보호 의식 향상 교육

③ 전문자격 시험 출제정보시스템 구축·운영

④ 정보보안 및 개인정보보호 계획 수립

48 다음 〈보기〉 중 문화충격에 대한 설명으로 옳은 것을 모두 고르면?

―〈보기〉――
ㄱ. 문화충격은 한 문화권에 속한 사람이 해당 문화 내에서 경험하는 문화적 충격을 의미한다.
ㄴ. 문화충격은 한 개인이 체화되지 않은 문화를 접하며 이질감을 경험하게 되어 겪는 심리적 부적응 상태를 의미한다.
ㄷ. 문화충격에 대비하기 위해서는 타 문화와 자신이 속한 문화의 차이점을 명확히 인지하고 보수적 태도를 고수하는 것이 좋다.

① ㄴ
② ㄷ
③ ㄱ, ㄴ
④ ㄴ, ㄷ

49 다음 〈보기〉 중 팀제에 대한 설명으로 옳지 않은 것을 모두 고르면?

―〈보기〉――
ㄱ. 팀제의 필요성이 높아지는 것은 현대사회 환경의 변동성 급증이 주요 원인이다.
ㄴ. 동일한 인력이어도 개인단위로 직무를 수행하는 것보다 팀제로 직무를 수행하는 경우에 성과가 더 우수하다.
ㄷ. 팀원들에게 개인성과에 대한 보상뿐만 아니라 팀 차원의 성과에 대한 보상을 제공하는 것이 팀의 조직적 운용에 더욱 효과적이다.

① ㄱ
② ㄴ
③ ㄱ, ㄷ
④ ㄴ, ㄷ

50 다음 글을 읽고 중국 왕훙식품의 마케팅 전략으로 옳은 것은?

'왕훙식품'이란 '인터넷상에서 유명하다.'는 뜻을 담은 '왕훙'과 '식품'의 합성어로, 인터넷 또는 소셜네트워크 서비스(SNS)상에서 유명세를 탄 식품들을 의미한다. 기존 '왕훙'은 '왕뤄훙런'의 줄임말로, SNS에서 활동하면서 많은 팔로우를 거느린 사람을 지칭했다. 하지만 최근 왕훙의 의미는 더욱 확대되어 '인터넷과 SNS상의 유명세'를 의미하게 되었고, 중국에서는 SNS를 활용한 '왕훙' 마케팅이 활성화되면서 맛집 찾기 어플리케이션인 '따중디엔핑'의 식후 평 등을 타고 왕훙식품이 대세로 등장하였다.

현지의 제품 포지셔닝 전문가는 "경쟁이 심한 차 드링크 프랜차이즈 시장에서 '희차(喜茶)'가 계속 인기 있는 이유는 고객들의 장시간 대기 장면을 소셜네트워크를 통해 마케팅으로 활용하기 때문이다."고 분석하였다. '짱짱바오' 열풍도 맛집 찾기 어플리케이션인 따중디엔핑에 '맛있다', '강추' 식후 평이 등장하면서 시작되었다. 젊은 소비자들이 그 맛을 보려고 해당 매장에 모이고 소비자들이 길게 줄을 선 사진이 인터넷상에 떠돌면서 올해 '반드시 맛보아야 할 왕훙식품'으로 거듭났다. 여기에는 SNS를 적극적으로 활용한 '입소문' 마케팅 전략이 사용되었다.

SNS 발달과 더불어 중국 소비자들은 신문, TV를 매체로 하는 전통 광고보다 SNS, 인터넷상의 대중 평가를 더욱 신뢰하는 경향을 보이기 때문에 '원조', '독특함' 등을 소비자에게 어필할 수 있는 마케팅 전략을 강구해야 한다. 왕훙식품은 유명세를 타기 시작하면서 즉각 모조품이 생겨나게 된다는 점에 유의해야 한다.

① See - Feel - Change 전략
② 상대방 이해 전략
③ 호혜관계 형성 전략
④ 사회적 입증 전략

제2회
경기도 공공기관
통합채용

NCS 직업기초능력평가

www.sdedu.co.kr

〈문항 및 시험시간〉

평가영역	문항 수	시험시간	모바일 OMR 답안분석
의사소통능력＋수리능력＋문제해결 능력＋자원관리능력＋조직이해능력	50문항	50분	

제2회 모의고사

01 다음 중 경청의 중요성에 대한 설명으로 적절하지 않은 것은?

〈경청의 중요성〉
㉠ 경청을 함으로써 상대방을 한 개인으로 존중하게 된다.
㉡ 경청을 함으로써 상대방을 성실한 마음으로 대하게 된다.
㉢ 경청을 함으로써 상대방의 입장에 공감하며, 상대방을 이해하게 된다.

① ㉠ : 상대방의 감정, 사고, 행동을 평가하거나 비판하지 않고 있는 그대로 받아들인다.
② ㉡ : 상대방과의 관계에서 느낀 감정과 생각 등을 솔직하고 성실하게 표현한다.
③ ㉡ : 상대방과의 솔직한 의사 및 감정의 교류를 가능하게 도와준다.
④ ㉢ : 자신의 생각이나 느낌, 가치관 등으로 상대방을 이해하려 한다.

02 다음 중 빈칸에 들어갈 맞춤법을 바르게 짝지은 것은?

㉠ 매년 10만여 명의 (뇌졸증 / 뇌졸중) 환자가 발생하고 있다.
㉡ 그의 변명이 조금 (꺼림직 / 꺼림칙 / 꺼림칫)했으나, 한번 믿어보기로 했다.

	㉠	㉡
①	뇌졸증	꺼림칙
②	뇌졸증	꺼림직
③	뇌졸증	꺼림칫
④	뇌졸중	꺼림직

03 다음 글의 내용으로 가장 적절한 것은?

10월 9일은 오늘의 한글을 창제해서 세상에 펴낸 것을 기념하고, 한글의 우수성을 기리기 위한 국경일이다. 한글은 인류가 사용하는 문자 중에서 창제자와 창제 연도가 명확히 밝혀진 문자임은 물론, 체계적이고 과학적인 원리로 어린아이도 배우기 쉬운 문자이다. 한글의 우수성은 한자나 영어와 비교해 봐도 쉽게 알 수 있다. 기본적인 생활을 하기 위해서 3,000자에서 5,000자 정도의 수많은 문자의 모양과 의미를 외워야 하는 표의문자인 한자와는 달리, 한글은 소리를 나타내는 표음문자이기 때문에 24개의 문자만 익히면 쉽게 조합하여 학습할 수 있다.

한글의 이러한 과학적인 부분은 실제로 세계 학자들 사이에서도 찬탄을 받는다. 한글이 세계 언어학계에 본격적으로 알려진 것은 1960년대이다. 영국의 저명한 언어학자인 샘프슨(G. Sampson) 교수는 "한글은 과학적인 원리로 창제된 세계에서 가장 훌륭한 글자"라고 평가한다. 그는 특히 "발성 기관이 소리를 내는 모습을 따라 체계적으로 창제된 점이 과학적이며 문자 자체가 소리의 특징을 반영했다는 점이 놀랍다."라고 평가한다. 동아시아 역사가 라이샤워(O. Reichaurer)도 "한글은 전적으로 독창적이고 놀라운 음소문자로, 세계의 어떤 나라의 일상 문자에서도 볼 수 없는 가장 과학적인 표기 체계이다."라고 찬탄하고 있으며, 미국의 다이아몬드(J. Diamond) 교수 역시 "세종이 만든 28자는 세계에서 가장 훌륭한 알파벳이자 가장 과학적인 표기법 체계"라고 평가한다.

이러한 점을 반영하여 유네스코에서는 한글을 문화유산으로 등록함은 물론, 세계적으로 문맹 퇴치에 이바지한 사람에게 '세종대왕'의 이름을 붙인 상을 주고 있다. 이처럼 세계적으로 인정받는 우리의 독창적이고 고유한 글자인 '한글'에 대해 우리는 더욱더 큰 자긍심을 느껴야 할 것이다.

① 한글을 배우기 위해서는 문자의 모양과 의미를 외워야 한다.

② 한글은 소리를 나타내는 표음문자이기 때문에 한자와 달리 문자를 따로 익힐 필요는 없다.

③ 한글 창제에 담긴 세종대왕의 정신을 기리기 위해 유네스코에서는 세계적으로 문맹 퇴치에 이바지한 사람에게 '세종대왕상'을 수여한다.

④ 영국의 저명한 언어학자인 샘프슨(G. Sampson) 교수는 '세종이 만든 28자는 세계에서 가장 훌륭한 알파벳'이라고 평가했다.

04 다음 글의 빈칸에 들어갈 말이 바르게 연결된 것은?

> 피드백의 효과를 극대화하기 위해서는 다음과 같은 반응의 세 가지 규칙을 지켜야 한다.
> * _____㉠_____ : 시간을 낭비하지 않는 것이다. 시간이 갈수록 피드백의 영향력은 줄어들기 때문에 상대방에게 바로 피드백을 주어야 한다.
> * _____㉡_____ : 진정한 반응뿐만 아니라 조정하고자 하는 마음 또는 보이고 싶지 않은 부정적인 느낌까지 보여주어야 한다.
> * _____㉢_____ : _____㉡_____하다고 해서 잔인해서는 안 된다. 부정적인 의견을 표현할 때도 부드럽게 표현하는 방법을 사용하여야 한다.
> 이러한 쌍방적 의사소통은 화자와 청자 모두에게 도움이 된다.

	㉠	㉡	㉢		㉠	㉡	㉢
①	즉각적	진실	공감	②	효율적	진실	공감
③	즉각적	정직	지지	④	효율적	정직	지지

05 다음 문장을 논리적 순서대로 바르게 나열한 것은?

> (가) 그렇지만 그러한 위험을 감수하면서 기술 혁신에 도전했던 기업가와 기술자의 노력 덕분에 산업의 생산성은 지속해서 향상되었고, 지금 우리는 그 혜택을 누리고 있다.
> (나) 산업 기술은 적은 비용으로 더 많은 생산이 가능하도록 제조 공정의 효율을 높이는 방향으로 발전해 왔다.
> (다) 기술 혁신의 과정은 과다한 비용 지출이나 실패의 위험이 도사리고 있는 험난한 길이기도 하다.
> (라) 이러한 기술 발전은 제조 공정의 일부를 서로 결합함으로써 대폭적인 비용 절감을 가능하게 하는 기술 혁신을 통하여 이루어진다.

① (나) – (다) – (가) – (라)
② (나) – (라) – (다) – (가)
③ (다) – (나) – (가) – (라)
④ (다) – (라) – (가) – (나)

06 다음 글의 빈칸에 들어갈 내용으로 가장 적절한 것은?

일본 젊은이의 '자동차 이탈(차를 사지 않는 것)' 현상은 어제오늘 일이 아니다. 니혼게이자이신문이 2007년 도쿄의 20대 젊은이 1,270명을 조사했을 때 자동차 보유비율은 13%였다. 2000년 23.6%에서 10%p 이상 떨어졌다. 자동차를 사지 않는 풍조를 넘어 자동차 없는 현실을 멋지게 받아들이는 단계로 접어들었다는 것이다. _____ '못' 사는 것을 마치 '안' 사는 것인 양 귀엽게 포장한 것이다. 사실 일본 젊은이들의 자동차 이탈에는 장기 침체와 청년 실업이라는 경제적 배경이 버티고 있다.

① 이런 풍조는 사실 일종의 자기 최면이다.
② 이런 상황에는 자동차 산업 불황이 한몫했다.
③ 이런 현상은 젊은이들의 사행심에서 비롯되었다.
④ 이는 젊은이들의 의식이 건설적으로 바뀐 결과이다.

07 다음 글의 글쓴이가 궁극적으로 주장하는 바로 가장 적절한 것은?

지방자치제가 실시된 이후 지역민의 삶의 질을 높이고, 전통문화를 발전시키기 위해 지역 축제에 대한 자치 단체의 관심과 노력이 강조되고 있다. 지방자치 시대의 지역 문화 축제는 대단히 소중한 문화 자산이요, 지역 민의 유대를 굳건히 할 수 있는 거멀못이 된다는 사실을 인식해야 한다. 또한 현대 사회에서 축제가 의미를 가지려면 전통 축제가 갖는 제의성을 대체할 수 있는 요소를 찾고 그것에 부합되는 축제를 만들어 나가야 한다.

대체할 수 있는 요소로서 상권의 강화도 무방하고 역사적 인물의 재현도 바람직하다. 또 예술적 심미성이 강조된 대체도 좋다. 아무튼 제의를 대체할 축제의 내용을 지역 공동체의 역사적, 문화적, 상업적 특성과의 관련 속에서 찾아야 한다. 예를 들어 상권의 강화라는 측면에서 볼 때 이천의 '쌀 축제'나 '도자기 축제'는 매우 유효적절한 사례이다. 강화의 경우 '화문석 축제'나 '인삼 축제'가 열려도 무방하다. '화문석 짜기' 경연도 벌이고 화문석 장터도 마련하여 판매 및 홍보를 한다면 훌륭한 축제 구실을 할 수 있기 때문이다. 역사적 인물 재현이라는 측면에서 '장보고 축제', '왕인 문화제', '다산 문화제', '율곡 문화제'도 의욕적이다.

이처럼 지역문화 축제가 해당 지역 공동체의 자긍심을 높이고 지역 발전에 기여할 수 있다면 질 높은 삶을 목표로 해야 하는 지역 공동체의 목표와도 일치한다.

① 정부는 전통문화 발전을 위해 각 지방의 문화 축제를 적극 지원해야 한다.
② 지방자치단체는 각 지역 실정에 맞는 지방문화 축제의 개발에 힘써야 한다.
③ 지역 주민들은 자신들이 거주하는 지역의 문화 축제에 자발적으로 참여해야 한다.
④ 지역문화 축제는 지역 공동체의 자긍심을 높이고 지역을 발전시키는 데 기여해야 한다.

08 다음 글의 빈칸에 들어갈 내용으로 가장 적절한 것은?

> 과학은 한 형태의 자연에 대한 지식이라는 사실 그 자체만으로도 한없이 귀중하고, 과학적 기술이 인류에게 가져온 지금까지의 혜택은 아무리 해도 이성적인 사람에게는 부정될 수 없다. 앞으로도 보다 많고 보다 정확한 과학 지식과 고도로 개발된 과학적 기술이 필요하다. 그러나 문제의 핵심은 생태학적이고 예술적인 자연관, 즉 존재 일반에 대한 넓고 새로운 시각, 포괄적인 맥락에서 과학적 지식과 기술의 의미에 눈을 뜨고 그러한 지식과 기술을 활용함에 있다. 그렇지 않고 오늘날과 같은 추세로 그러한 지식과 기술을 당장의 욕망을 위해서 인간 중심적으로 개발하고 이용한다면 그 효과가 당장에는 인간에게 만족스럽다 해도 머지않아 자연의 파괴뿐만 아니라 인간적 삶의 파괴, 그리고 궁극적으로는 인간 자신의 멸망을 초래하고 말 것이다. 한마디로 지금 우리에게 필요한 것은 과학적 비전과 과학적 기술의 의미를 보다 포괄적인 의미에서 이해하는 작업이다. 이러한 작업을 _____라 불러도 적절할 것 같다.

① 예술의 다양화
② 예술의 기술화
③ 과학의 예술화
④ 과학의 현실화

09 다음 글을 바탕으로 '샛강을 어떻게 살릴 수 있을까'라는 주제로 토의하고자 한다. 밑줄 친 ⊙과 ⓒ에 대한 설명으로 적절하지 않은 것은?

> 토의는 어떤 공통된 문제에 대해 최선의 해결안을 얻기 위하여 여러 사람이 의논하는 말하기 양식이다. 패널 토의, 심포지엄 등이 그 대표적 예이다.
> ⊙ 패널 토의는 3 ～ 6인의 전문가들이 사회자의 진행에 따라 일반 청중 앞에서 토의 문제에 대한 정보나 지식, 의견이나 견해 등을 자유롭게 주고받는 유형이다. 토의가 끝난 뒤에는 청중의 질문을 받고 그에 대해 토의자들이 답변하는 시간을 갖는다. 이 질의·응답 시간을 통해 청중들은 관련 문제를 보다 잘 이해하게 되고 점진적으로 해결 방안을 모색하게 된다.
> ⓒ 심포지엄은 전문가가 참여한다는 점, 청중과 질의·응답 시간을 갖는다는 점에서는 패널 토의와 그 형식이 비슷하다. 다만, 전문가가 토의 문제의 하위 주제에 대해 서로 다른 관점에서 연설이나 강연의 형식으로 10분 정도 발표한다는 점에서는 차이가 있다.

① ⊙과 ⓒ은 모두 '샛강 살리기'와 관련하여 전문가의 의견을 들은 후 질의·응답 시간을 갖는다.
② ⊙과 ⓒ은 모두 '샛강을 어떻게 살릴 수 있을까'라는 문제에 대해 최선의 해결책을 얻기 위함이 목적이다.
③ ⓒ은 토의자가 샛강의 생태적 특성, 샛강 살리기의 경제적 효과 등의 하위 주제를 발표한다.
④ ⊙은 '샛강 살리기'에 대해 찬반 입장을 나누어 이야기한 후 절차에 따라 청중이 참여한다.

10 다음 글의 내용으로 가장 적절한 것은?

'청렴(淸廉)'은 현대 사회에서 좁게는 반부패와 동의어로 사용되며 넓게는 투명성과 책임성 등을 포괄하는 통합적 개념으로 사용되고 있다. 유학자들은 청렴을 효제와 같은 인륜의 덕목보다는 하위에 두었지만 군자라면 마땅히 지켜야 할 일상의 덕목으로 중시하였다. 조선의 대표적 유학자였던 이황과 이이는 청렴을 사회규율이자 개인 처세의 지침으로 강조하였다. 특히 공적 업무에 종사하는 사람이라면 사회 규율로서의 청렴이 개인의 처세와 직결된다는 점에 유념해야 한다고 보았다.

청렴에 대한 논의는 정약용의 『목민심서』에서 본격적으로 나타난다. 정약용은 청렴이야말로 목민관이 지켜야 할 근본적인 덕목이며 목민관의 직무는 청렴이 없이는 불가능하다고 강조하였다. 정약용은 청렴을 당위 차원에서 주장하는 기존의 학자들과 달리 행위자 자신에게 실질적 이익이 된다는 점을 들어 설득하고자 한다. 그는 청렴은 큰 이득이 남는 장사라고 말하면서, 지혜롭고 욕심이 많은 사람은 청렴을 택하지만 지혜가 짧고 욕심이 적은 사람은 탐욕을 택한다고 설명한다. 정약용은 "지자(知者)는 인(仁)을 이롭게 여긴다."라는 공자의 말을 빌려 "지혜로운 자는 청렴함을 이롭게 여긴다."라고 하였다. 비록 재물을 얻는 데 뜻이 있더라도 청렴함을 택하는 것이 결과적으로는 지혜로운 선택이라고 정약용은 말한다. 목민관의 작은 탐욕은 단기적으로 보면 눈앞의 재물을 취하여 이익을 얻을 수 있겠지만 궁극에는 개인의 몰락과 가문의 불명예를 가져올 수 있기 때문이다.

정약용은 청렴을 지키는 것은 두 가지 효과가 있다고 보았다. 첫째, 청렴은 다른 사람에게 긍정적 효과를 미친다. 목민관이 청렴할 경우 백성을 비롯한 공동체 구성원에게 좋은 혜택이 돌아갈 것이다. 둘째, 청렴한 행위를 하는 것은 목민관 자신에게도 좋은 결과를 가져다준다. 청렴은 그 자신의 덕을 높이는 것일 뿐 아니라 자신의 가문에 빛나는 명성과 영광을 가져다줄 것이다.

① 정약용은 청렴이 목민관이 반드시 지켜야 할 덕목임을 당위론 차원에서 정당화하였다.

② 정약용은 탐욕을 택하는 것보다 청렴을 택하는 것이 이롭다는 공자의 뜻을 계승하였다.

③ 정약용은 청렴한 사람은 욕심이 적기 때문에 재물에 대한 탐욕에 빠지지 않는다고 보았다.

④ 정약용은 청렴이 백성에게 이로움을 줄 뿐 아니라 목민관 자신에게도 이로운 행위라고 보았다.

11 다음은 소유자별 국토면적을 나타낸 자료이다. 이에 대한 설명으로 옳지 않은 것은?

〈소유자별 국토면적〉

(단위 : km^2)

구분	2018년	2019년	2020년	2021년	2022년	2023년
전체	99,646	99,679	99,720	99,828	99,897	100,033
민유지	56,457	55,789	54,991	54,217	53,767	53,357
국유지	23,033	23,275	23,460	23,705	23,891	24,087
도유지	2,451	2,479	2,534	2,580	2,618	2,631
군유지	4,741	4,788	4,799	4,838	4,917	4,971
법인	5,207	5,464	5,734	5,926	6,105	6,287
비법인	7,377	7,495	7,828	8,197	8,251	8,283
기타	380	389	374	365	348	417

① 국유지 면적은 매년 증가하였고, 민유지 면적은 매년 감소하였다.
② 전년 대비 2019 ~ 2023년 군유지 면적의 증가량은 2022년에 가장 많다.
③ 2018년과 2023년을 비교했을 때, 법인보다 국유지 면적의 차이가 크다.
④ 전체 국토면적은 매년 조금씩 증가하고 있다.

12 다음과 같이 일정한 규칙으로 수를 나열할 때, 빈칸에 들어갈 수는?

$$\frac{6}{15} \quad \frac{18}{15} \quad \frac{18}{45} \quad (\quad) \quad \frac{54}{135}$$

① $\frac{36}{135}$

② $\frac{48}{135}$

③ $\frac{54}{45}$

④ $\frac{36}{54}$

13 다음과 같은 건물에 페인트칠을 하면 $1m^2$당 200원의 인건비가 든다. K씨가 바닥을 제외한 모든 면에 페인트칠을 할 때 받는 인건비는 얼마인가?(단, 길이의 단위는 m이다)

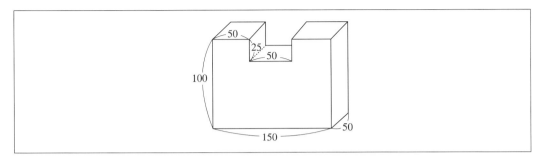

① 950만 원
② 1,000만 원
③ 1,050만 원
④ 1,100만 원

14 K마트 물류팀에 근무하는 E사원은 9월 라면 입고량과 판매량을 확인하던 중 11일과 15일에 A, B업체의 기록이 누락되어 있는 것을 발견하였다. 동료직원인 S사원은 E사원에게 "9월 11일의 전체 라면 재고량 중 A업체는 10%, B업체는 9%를 차지하였고, 9월 15일의 A업체 라면 재고량은 B업체보다 500개가 더 많았다."라고 말했다. 이때, 9월 11일의 전체 라면 재고량은 몇 개인가?

구분		9월 12일	9월 13일	9월 14일
A업체	입고량	300	–	200
	판매량	150	100	–
B업체	입고량	–	250	–
	판매량	200	150	50

① 10,000개
② 15,000개
③ 20,000개
④ 25,000개

※ 다음은 공장 규모별 시설면적 및 등록현황 비율에 대한 자료이다. 이어지는 질문에 답하시오. **[15~16]**

〈공장 규모별 시설면적 비율〉

(단위 : %)

구분		2022년 상반기	2022년 하반기	2023년 상반기
공장용지	계	100.0	100.0	100.0
	대기업	24.7	24.6	23.4
	중기업	22.0	21.5	20.9
	소기업	53.3	53.9	55.7
제조시설	계	100.0	100.0	100.0
	대기업	20.1	20.4	21.5
	중기업	27.9	26.3	22.7
	소기업	52.0	53.3	55.8
부대시설	계	100.0	100.0	100.0
	대기업	24.4	24.5	38.2
	중기업	23.8	22.9	20.0
	소기업	51.8	52.6	41.8

〈공장 규모별 등록현황 비율〉

(단위 : %)

구분		2021년 상반기	2021년 하반기	2022년 상반기	2022년 하반기	2023년 상반기
등록완료	계	100.0	100.0	100.0	100.0	100.0
	대기업	0.6	0.5	0.5	0.5	0.5
	중기업	5.3	5.3	5.3	5.3	5.3
	소기업	94.1	94.2	94.2	94.2	94.2
부분등록	계	100.0	100.0	100.0	100.0	100.0
	대기업	3.5	3.5	3.4	2.8	2.8
	중기업	8.7	9.2	8.8	9.2	8.6
	소기업	87.8	87.3	87.8	88.0	88.6
휴업	계	100.0	100.0	100.0	100.0	100.0
	대기업	0.0	0.0	0.0	0.0	0.0
	중기업	3.2	3.1	2.9	2.8	2.7
	소기업	96.8	96.9	97.1	97.2	97.3

15 다음 〈보기〉 중 2022년 상반기 ~ 2023년 상반기의 공장 규모별 시설면적 비율에 대한 설명으로 옳은 것을 모두 고르면?

─────── 〈보기〉 ───────

ㄱ. 면적 비율이 큰 순으로 순위를 매길 때, 공장용지 면적 비율의 순위는 2022년과 2023년 상반기 모두 동일하다.

ㄴ. 2022년 하반기 제조시설 면적은 소기업이 중기업의 2배 이상이다.

ㄷ. 2022년 상반기에 소기업은 부대시설 면적보다 제조시설 면적을 더 많이 보유하고 있다.

ㄹ. 제시된 기간 동안 대기업이 차지하는 공장용지 면적 비율과 소기업의 부대시설 면적 비율의 증감추이는 동일하다.

① ㄱ, ㄴ   ② ㄱ, ㄹ

③ ㄴ, ㄷ   ④ ㄷ, ㄹ

16 다음 중 2021년 상반기 ~ 2023년 상반기의 공장 규모별 등록현황 비율에 대한 설명으로 옳지 않은 것은?

① 등록완료된 중기업 공장의 수는 2021년 상반기부터 2023년 상반기까지 동일하다.

② 부분등록된 공장 중 대기업과 중기업의 비율의 차는 2021년 상반기보다 2022년 상반기에 증가하였다.

③ 휴업 중인 공장 중 소기업의 비율은 2021년 상반기부터 계속 증가하였다.

④ 2021년 상반기부터 2022년 하반기까지 부분등록된 중기업의 비율과 휴업 중인 중기업 비율의 증감추이는 다르다.

17 슬기, 효진, 은경, 민지, 은빈 5명은 여름휴가를 떠나기 전 원피스를 사러 백화점에 갔다. 각자 마음에 드는 원피스를 원하는 색깔로 고르고자 한다. 원피스가 노란색 2벌, 파란색 2벌, 초록색 1벌이 있을 때, 5명이 각자 한 벌씩 고를 수 있는 경우의 수는 모두 몇 가지인가?

① 28가지   ② 30가지

③ 32가지   ④ 34가지

18 다음은 상품군별 온라인 및 모바일쇼핑 거래액에 대한 자료이다. 이를 해석한 내용으로 옳지 않은 것은?

〈상품군별 온라인 및 모바일쇼핑 거래액〉

(단위 : 억 원, %)

구분	2023년 2월		2024년 2월	
	온라인	모바일	온라인	모바일
합계	50,000	30,000	70,000	42,000
컴퓨터 및 주변기기	2,450	920	3,700	1,180
가전·전자·통신기기	5,100	2,780	7,000	3,720
소프트웨어	50	10	50	10
서적	1,000	300	1,300	500
사무·문구	350	110	500	200
음반·비디오·악기	150	65	200	90
의복	5,000	3,450	6,000	4,300
신발	750	520	1,000	760
가방	900	640	1,500	990
패션용품 및 액세서리	900	580	1,500	900
스포츠·레저용품	1,450	1,000	2,300	1,300
화장품	4,050	2,970	5,700	3,700
아동·유아용품	2,200	1,500	2,400	1,900
음·식료품	6,200	4,500	11,500	7,600
농축수산물	2,000	915	2,400	1,500
생활·자동차용품	5,500	3,340	6,700	4,500
가구	1,300	540	1,850	1,000
애완용품	250	170	400	300
여행 및 예약서비스	9,000	4,360	11,000	5,800
각종서비스 및 기타	1,400	1,330	3,000	1,750

① 2024년 2월 온라인쇼핑 거래액은 7조 원으로, 전년 동월 대비 40% 증가했다.

② 2024년 2월 모바일쇼핑 거래액은 4조 2,000억 원으로, 전년 동월 대비 40% 증가했다.

③ 2024년 2월 모바일쇼핑 거래액은 온라인쇼핑 거래액의 60%를 차지한다.

④ 2024년 2월 온라인쇼핑 거래액이 전년 동월보다 낮아진 상품군이 있다.

19 다음은 K대학교 학생 2,500명을 대상으로 진행한 인터넷 쇼핑 이용 현황에 대한 자료이다. 이에 대한 설명으로 옳지 않은 것은?(단, 매년 조사 인원수는 동일하다)

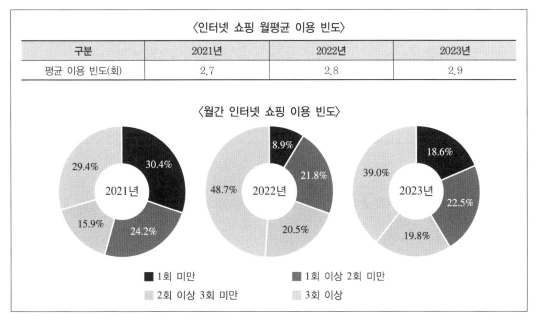

⟨인터넷 쇼핑 월평균 이용 빈도⟩

구분	2021년	2022년	2023년
평균 이용 빈도(회)	2.7	2.8	2.9

⟨월간 인터넷 쇼핑 이용 빈도⟩

2021년: 30.4% / 24.2% / 15.9% / 29.4%
2022년: 8.9% / 21.8% / 20.5% / 48.7%
2023년: 18.6% / 22.5% / 19.8% / 39.0%

■ 1회 미만   ■ 1회 이상 2회 미만
2회 이상 3회 미만   3회 이상

① 인터넷 쇼핑 월평균 이용 빈도는 지속적으로 증가했다.

② 2022년 월간 인터넷 쇼핑을 3회 이상 이용했다고 응답한 사람은 1,210명 이상이다.

③ 3년간 인터넷 쇼핑 이용 빈도수를 누적했을 때, 두 번째로 많이 응답한 인터넷 쇼핑 이용 빈도수는 1회 미만이다.

④ 2023년 월간 인터넷 쇼핑을 2회 이상 3회 미만 이용했다고 응답한 사람은 2022년 1회 미만으로 이용했다고 응답한 사람보다 2배 이상 많다.

20 자동차의 정지거리는 공주거리와 평균제동거리의 합이다. 공주거리는 공주시간 동안 진행한 거리이며, 공주시간은 주행 중 운전자가 전방의 위험상황을 발견하고 브레이크를 밟아서 실제 제동이 시작될 때까지 걸리는 시간이다. 자동차의 평균제동거리가 다음과 같을 때, 시속 72km로 달리는 자동차의 정지거리는 몇 m인가?(단, 공주시간은 1초로 가정한다)

속도(km/h)	12	24	36	48	60	72
평균제동거리(m)	1	4	9	16	25	36

① 50m

② 52m

③ 54m

④ 56m

21 다음은 국내 화장품 제조 회사에 대한 SWOT 분석 자료이다. 〈보기〉 중 분석에 따른 대응 전략으로 옳은 것을 모두 고르면?

강점(Strength)	약점(Weakness)
• 신속한 제품 개발 시스템 • 차별화된 제조 기술 보유	• 신규 생산 설비 투자 미흡 • 낮은 브랜드 인지도
기회(Opportunity)	위협(Threat)
• 해외시장에서의 한국 제품 선호 증가 • 새로운 해외시장의 출현	• 해외 저가 제품의 공격적 마케팅 • 저임금의 개발도상국과 경쟁 심화

〈보기〉
ㄱ. 새로운 해외시장의 소비자 기호를 반영한 제품을 개발하여 출시한다.
ㄴ. 국내에 화장품 생산 공장을 추가로 건설하여 제품 생산량을 획기적으로 증가시킨다.
ㄷ. 차별화된 제조 기술을 통해 품질 향상과 고급화 전략을 추구한다.
ㄹ. 브랜드 인지도가 낮으므로 해외 현지 기업과의 인수·합병을 통해 해당 회사의 브랜드로 제품을 출시한다.

① ㄱ, ㄴ
② ㄱ, ㄷ
③ ㄴ, ㄷ
④ ㄴ, ㄹ

22 여덟 조각의 피자를 다음 〈조건〉에 따라 A ~ D가 나눠 먹었다고 할 때, 반드시 참이 아닌 것은?

〈조건〉
• 네 사람 중 피자를 한 조각도 먹지 않은 사람은 없다.
• A는 피자 두 조각을 먹었다.
• 피자를 가장 적게 먹은 사람은 B이다.
• C는 D보다 피자 한 조각을 더 많이 먹었다.

① 피자 한 조각이 남는다.
② 두 명이 짝수 조각의 피자를 먹었다.
③ A와 D가 먹은 피자의 조각 수는 같다.
④ C가 가장 많은 조각의 피자를 먹었다.

※ K악기회사는 기타를 만들 때마다 다음과 같은 규칙을 적용하여 시리얼 번호를 부여하고 있다. 창고에 남은 기타들의 시리얼 넘버를 정리한 자료가 〈보기〉와 같을 때, 이어지는 질문에 답하시오. **[23~24]**

〈K악기회사 시리얼 번호 부여 방법〉

MZ09042589	M	생산한 공장을 의미한다. (M=멕시코)
	Z	생산한 시대를 의미한다. (Z=2000년대)
	0904	생산연도와 월을 의미한다. (09=2009년, 04=4월)
	2589	생산된 순서를 의미한다. (2589번)

생산한 공장		생산한 시대	
미국	U	1960년대	V
중국	C	1970년대	W
베트남	V	1980년대	X
멕시코	M	1990년대	Y
필리핀	P	2000년대	Z
인도네시아	I	2010년대	A

〈보기〉

CZ09111213	VA27126459	IA12025512	VZ09080523	MX95025124	PA15114581	VY94085214	IZ04081286
PY93122569	MZ06077856	MY03123268	VZ03033231	CZ05166237	VA13072658	CZ01120328	IZ08112384
MX89124587	PY96064568	CZ11128465	PY91038475	VZ09122135	IZ03081657	CA12092581	CY12056487
VZ08203215	MZ05111032	CZ05041249	IA12159561	MX83041235	PX85124982	IA11129612	PZ04212359
CY87068506	IA10052348	VY97089548	MY91084652	VA07107459	CZ09063216	MZ01124523	PZ05123458

23 〈보기〉의 시리얼 번호를 생산한 공장을 기준으로 분류할 경우, 총 몇 개의 분류로 나뉠 수 있는가?

① 2개　　　　　　　　　　　② 3개
③ 4개　　　　　　　　　　　④ 5개

24 〈보기〉의 시리얼 번호 중 생산연도와 월이 잘못 기입된 번호가 있다고 한다. 잘못 기입된 시리얼 번호는 모두 몇 개인가?

① 10개　　　　　　　　　　② 11개
③ 12개　　　　　　　　　　④ 13개

25 취업준비생 A ~ E가 지원한 회사는 서로 다른 가 ~ 마 회사 중 한 곳이며, 다섯 회사는 서로 다른 곳에 위치하고 있다. 다섯 사람이 모두 서류에 합격하였고, 〈조건〉에 따라 지하철, 버스, 택시 중 하나를 이용하여 회사에 가려고 한다. 다음 중 옳지 않은 것은?(단, 한 가지 교통수단은 최대 두 명까지 이용할 수 있으며, 한 사람도 이용하지 않는 교통수단은 없다)

---〈조건〉---
- 택시를 타면 가, 나, 마 회사에 갈 수 있다.
- A는 다 회사에 지원했다.
- E는 어떤 교통수단을 선택해도 지원한 회사에 갈 수 있다.
- 지하철에는 D를 포함한 두 사람이 타며, 둘 중 한 사람은 라 회사에 지원했다.
- B가 탈 수 있는 교통수단은 지하철뿐이다.
- 버스와 택시로 갈 수 있는 회사는 가 회사를 제외하면 서로 겹치지 않는다.

① B와 D는 함께 지하철을 이용한다.
② C는 택시를 이용한다.
③ A는 버스를 이용한다.
④ E는 라 회사에 지원했다.

26 A ~ E 5명이 5층 건물에 한 층당 한 명씩 살고 있다. 다음 〈조건〉에 근거하여 바르게 추론한 것은?

---〈조건〉---
- C와 D는 서로 인접한 층에 산다.
- A는 2층에 산다.
- B는 A보다 높은 층에 산다.

① D는 가장 높은 층에 산다.
② A는 E보다 높은 층에 산다.
③ C는 3층에 산다.
④ B는 3층에 살 수 없다.

27 A ~ D는 구두를 사기 위해 신발가게에 갔다. 신발가게에서 세일을 하는 품목은 빨간색, 주황색, 노란색, 초록색, 파란색, 남색, 보라색 구두이고 각각 한 켤레씩 남았다. 다음 〈조건〉을 만족할 때, A는 주황색 구두를 제외하고 어떤 색의 구두를 샀는가?(단, 빨간색 – 초록색, 주황색 – 파란색, 노란색 – 남색은 보색 관계이다)

〈조건〉

- A는 주황색을 포함하여 두 켤레를 샀다.
- C는 빨간색 구두를 샀다.
- B, D는 파란색을 좋아하지 않는다.
- C, D는 같은 수의 구두를 샀다.
- B는 C가 산 구두와 보색 관계인 구두를 샀다.
- D는 B가 산 구두와 보색 관계인 구두를 샀다.
- A ~ D는 각각 한 켤레 이상씩 샀으며, 네 사람은 세일품목을 모두 샀다.
---

① 노란색   ② 초록색
③ 파란색   ④ 남색

28 (가) ~ (마) 5명의 학생은 〈조건〉에 따라 영어, 수학, 국어, 체육 수업 중 두 개의 수업을 듣는다고 한다. 다음 중 (마)가 듣는 수업으로 적절한 것은?

〈조건〉

- (가)와 (나)는 영어 수업만 같이 듣는다.
- (나)는 (다), (마)와 수학 수업을 함께 듣는다.
- (다)는 (라)와 체육 수업을 함께 듣는다.
- (가)는 (라), (마)와 어떤 수업도 같이 듣지 않는다.
---

① 영어, 수학   ② 영어, 국어
③ 수학, 체육   ④ 국어, 체육

29 다음 글과 〈조건〉을 바탕으로 바르게 추론한 것을 〈보기〉에서 모두 고르면?

(가) ~ (마)팀이 현재 수행하고 있는 과제의 수는 다음과 같다.
- (가)팀 : 0개
- (나)팀 : 1개
- (다)팀 : 2개
- (라)팀 : 2개
- (마)팀 : 3개
이 과제에 추가하여 8개의 새로운 과제 a, b, c, d, e, f, g, h를 다음 〈조건〉에 따라 (가) ~ (마)팀에 배정한다.

〈조건〉
- 어느 팀이든 새로운 과제를 적어도 하나는 맡아야 한다.
- 기존에 수행하던 과제를 포함해서 한 팀이 맡을 수 있는 과제는 최대 4개이다.
- 기존에 수행하던 과제를 포함해서 과제 4개를 맡는 팀은 둘이다.
- a, b는 한 팀이 맡아야 한다.
- c, d, e는 한 팀이 맡아야 한다.

〈보기〉
ㄱ. a를 (나)팀이 맡을 수 없다.
ㄴ. f를 (가)팀이 맡을 수 있다.
ㄷ. 기존에 수행하던 과제를 포함해서 과제 2개를 맡는 팀이 반드시 있다.

① ㄱ
② ㄴ
③ ㄱ, ㄷ
④ ㄴ, ㄷ

30 다음은 제품 생산에 따른 공정 관리를 나타낸 자료이다. 이에 대한 설명으로 옳은 것을 〈보기〉에서 모두 고르면?(단, 각 공정은 동시 진행이 가능하다)

공정 활동	선행 공정	시간(분)
A. 부품 선정	없음	2
B. 절삭 가공	A	2
C. 연삭 가공	A	5
D. 부품 조립	B, C	4
E. 전해 연마	D	3
F. 제품 검사	E	1

※ 공정 간 부품의 이동 시간은 무시한다.
※ A공정부터 시작되며 공정별로 1명의 작업 담당자가 수행한다.

〈보기〉

ㄱ. 전체 공정을 완료하기 위해서는 15분이 소요된다.
ㄴ. 첫 제품 생산 후부터 1시간마다 3개씩 제품이 생산된다.
ㄷ. B공정이 1분 더 지연되어도 전체 공정 시간은 변화가 없다.

① ㄱ
② ㄴ
③ ㄱ, ㄷ
④ ㄴ, ㄷ

31 다음 그림과 같이 A ~ E 5개 도시에 석유 제품을 공급하기 위해 파이프라인을 건설하려고 한다. 사용되는 파이프라인의 최소 길이는 얼마인가?[단, 각 아크(Arc)상 숫자는 거리(km)를 나타낸다]

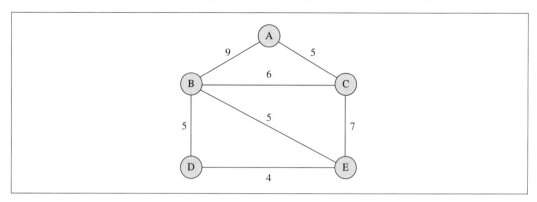

① 18km

② 20km

③ 22km

④ 24km

32 K회사는 창고업체에 다음 세 제품군에 대한 보관비를 지급하려고 한다. 전체 지급액은 얼마인가?(단, A제품군은 매출액의 1%, B제품군은 1CUBIC당 20,000원, C제품군은 1톤당 80,000원을 지급하기로 되어 있다)

구분	매출액(억 원)	용량	
		용적(CUBIC)	무게(톤)
A제품군	300	3,000	200
B제품군	200	2,000	300
C제품군	100	5,000	500

① 3억 2천만 원

② 3억 4천만 원

③ 3억 6천만 원

④ 3억 8천만 원

33 K공사에서는 2개월 동안 근무할 인턴사원을 선발하고자 다음과 같은 공고를 게시하였다. A ~ D지원자 중 K공사의 인턴사원으로 가장 적절한 지원자는?

〈인턴사원 모집 공고〉

• 근무기간 : 2개월(2 ~ 4월)
• 자격 요건
  − 1개월 이상 경력자
  − 포토샵 가능자
  − 근무 시간(9 ~ 18시) 이후에도 근무가 가능한 자
• 기타사항
  − 경우에 따라서 인턴 기간이 연장될 수 있음

A지원자	• 경력 사항 : 출판사 3개월 근무 • 컴퓨터 활용 능력 中(포토샵, 워드 프로세서) • 대학 휴학 중(3월 복학 예정)
B지원자	• 경력 사항 : 없음 • 포토샵 능력 우수 • 전문대학 졸업
C지원자	• 경력 사항 : 마케팅 회사 1개월 근무 • 컴퓨터 활용 능력 上(포토샵, 워드 프로세서, 파워포인트) • 4년제 대학 졸업
D지원자	• 경력 사항 : 제약 회사 3개월 근무 • 포토샵 가능 • 저녁 근무 불가

① A지원자 ② B지원자
③ C지원자 ④ D지원자

34 다음은 K직원이 지방 출장을 갈 때 이용할 수 있는 이동수단에 대한 자료이다. 시간을 절약할 수 있는 최적의 방법은?

〈K직원이 이용할 수 있는 이동수단〉

K직원은 시외구간을 고속열차, 고속버스, 비행기, 자가용 중 하나로 이동한 후 해당 지역에서 출장지까지 택시로 이동할 예정이다(단, 자가용을 이용하는 경우 바로 출장지로 이동한다).
- 시외구간
  - 고속열차 : 2시간
  - 고속버스 : 4시간
  - 비행기 : 1시간
  - 자가용 : 3시간
- 시내구간(택시 이용)
  - 기차역 ~ 출장지 : 40분
  - 버스터미널 ~ 출장지 : 10분
  - 공항 ~ 출장지 : 1시간
  - 자가용 : 소요시간 없음

---

① 고속열차
② 고속버스
③ 비행기
④ 자가용

35 K팀은 이번 주 토요일 워크숍을 열기로 하였다. 점심식사로 도시락을 주문해 가기로 하고 B사원이 도시락 주문을 담당하게 되었다. 총 7명의 팀원 중 대리는 개인 사정으로 뒤늦게 참여해 점심을 먹고 온다고 하였고, 차장은 고향에 내려가 참여하지 못한다고 하였다. 식비가 총 30,000원이었다면, B사원이 주문한 도시락이 바르게 짝지어진 것은?

〈MENU〉				
A도시락	B도시락	C도시락	D도시락	E도시락
6,000원	6,800원	7,500원	7,000원	7,500원

※ 모든 가격은 세트 기준이며, 단품은 위 가격에서 500원을 차감한다.

	인턴	사원	사원	과장	부장
①	A단품	A단품	A세트	B세트	D세트
②	A세트	A세트	B단품	B세트	C세트
③	A단품	A단품	A단품	A세트	E세트
④	A세트	D단품	B단품	C단품	C세트

36 다음 중 시간 관리에 대해 바르게 이해하고 있는 사람은?

> A사원 : 나는 얼마 전에 맡은 중요한 프로젝트도 무사히 마쳤어. 나는 회사에서 주어진 일을 잘하고 있기 때문에 시간 관리도 잘하고 있다고 생각해.
> B사원 : 나는 평소에는 일의 진도가 잘 안 나가는 편인데, 마감일을 앞두면 이상하게 일이 더 잘 돼. 나는 오히려 시간에 쫓겨야 일이 잘 되니까 괜히 시간을 관리할 필요가 없어.
> C사원 : 나는 달력에 모든 일정을 표시해 두었어. 이번 달에 해야 할 일도 포스트잇에 표시해두고 있지. 이 정도면 시간 관리를 잘하고 있는 것 아니겠어?
> D사원 : 마감 기한을 넘기더라도 일을 완벽하게 끝내야 한다는 생각은 잘못되었다고 생각해. 물론 완벽하게 일을 끝내는 것도 중요하지만, 모든 일은 정해진 기한을 넘겨서는 안 돼.

① A사원
② B사원
③ C사원
④ D사원

37 K식음료 제조회사에 근무하고 있는 사원 L씨는 울산에 있는 공장에 업무차 방문하기 위해 교통편을 알아보고 있다. L씨는 목요일 오전 업무를 마치고 오후 12시에 출발이 가능하며, 당일 오후 3시까지 공장에 도착해야 한다. 다음 자료를 보고 L씨가 선택할 교통편으로 가장 적절한 것은?(단, 도보이동 시간은 고려하지 않는다)

- 회사에서 이동수단 장소까지의 소요시간

출발지	도착지	소요시간
회사	김포공항	40분
	고속버스터미널	15분
	서울역	30분

- 이동수단별 소요시간

구분	운행요일	출발지	출발 시각	소요시간
비행기	매일	김포공항	매 30분마다	1시간
고속버스	월 / 수 / 금	고속버스터미널	오전 9시	4시간 20분
KTX	매일	서울역	매 시 정각	2시간 15분

- 공장 오시는 길

교통편	출발지	소요시간
버스	울산터미널	1시간 30분
	울산공항	1시간 50분
	울산역	1시간 20분
택시	울산터미널	50분
	울산공항	30분
	울산역	15분
공항 리무진 버스	울산공항	1시간 5분

① KTX – 택시
② KTX – 버스
③ 비행기 – 택시
④ 비행기 – 공항 리무진 버스

38 다음 〈보기〉를 직접비용과 간접비용으로 바르게 구분한 것은?

---〈보기〉---

ⓐ 재료비   ⓑ 원료와 장비 구입비
ⓒ 광고비   ⓓ 보험료
ⓔ 인건비   ⓕ 출장비

	직접비용	간접비용
①	㉠, ㉡, ㉢	㉢, ㉣, ㉤
②	㉠, ㉡, ㉤	㉢, ㉣, ㉢
③	㉠, ㉡, ㉢, ㉣	㉢, ㉤
④	㉠, ㉡, ㉢, ㉤	㉢, ㉣

39 K회사는 7월 중에 신입사원 면접을 계획하고 있다. 면접에는 마케팅팀과 인사팀 차장, 인사팀 부장과 과장, 총무팀 주임이 한 명씩 참여한다. K회사에서는 6 ~ 7월에 계획된 여름휴가를 팀별로 나누어 간다고 할 때, 다음 중 면접이 가능한 날짜는?

휴가 규정	팀별 휴가 시작일
• 차장급 이상 : 4박 5일 • 대리 ~ 과장 : 3박 4일 • 사원 ~ 주임 : 2박 3일	• 마케팅팀 : 6월 29일 • 인사팀 : 7월 6일 • 총무팀 : 7월 1일

① 7월 1일   ② 7월 3일
③ 7월 5일   ④ 7월 7일

40 K마트는 개점 10주년을 맞이하여 3월 26일부터 4일 동안 마트에서 구매하는 고객에게 소정의 사은품을 나누어 주는 행사를 진행하고자 한다. 올해 행사 기간 내 예상 방문 고객은 작년보다 20% 증가할 것으로 예측되며, 단가가 가장 낮은 품목부터 800개를 준비하여 100단위씩 줄여 준비하기로 하였다. 다음은 작년 행사 결과 보고서로, 올해도 작년과 같은 상품을 준비한다고 할 때, 이번 행사에 필요한 예상 금액은 얼마인가?

〈K마트 9주년 행사 결과〉

- 행사명 : 9주년 특별 고객감사제
- 행사기간 : 2023년 3월 28일(화) ~ 31일(금)
- 참여대상 : 행사기간 내 상품구매고객
- 추첨방법 : 주머니에 담긴 공 뽑기를 하여 공 색상에 따라 경품을 지급함
- 참여인원 : 3,000명

〈공 색상별 경품〉

구분	빨강	주황	노랑	초록	파랑	남색	보라	검정
경품	갑 티슈	수건세트	우산	다도세트	식기건조대	보조배터리	상품권	전자레인지

※ 소진된 경품의 공을 선택했을 때는 공을 주머니에 다시 넣고 다른 색의 공이 나올 때까지 뽑는다.

〈경품별 단가〉

(단위 : 원)

구분	갑 티슈	수건세트	우산	다도세트	전자레인지	식기건조대	보조배터리	상품권
단가	3,500	20,000	9,000	15,000	50,000	40,000	10,000	30,000

---

① 48,088,000원   ② 49,038,000원

③ 50,080,000원   ④ 52,600,000원

41 다음 중 업무상 미국인 C씨와 만나야 하는 B대리가 알아두어야 할 예절로 적절하지 않은 것은?

> A부장 : B대리, K기업 C씨를 만날 준비는 다 되었습니까?
> B대리 : 네, 부장님. 필요한 자료는 다 준비했습니다.
> A부장 : 그래요. 우리 회사는 해외 진출이 경쟁사에 비해 많이 늦었는데 K기업과 파트너만 된다면 큰 도움이 될 겁니다. 아, 그런데 업무 관련 자료도 중요하지만 우리랑 문화가 다르니까 실수하지 않도록 준비 잘 하세요.
> B대리 : 네, 알겠습니다.

① 무슨 일이 있어도 시간은 꼭 지켜야 한다.
② 악수를 할 때 눈을 똑바로 보는 것은 실례이다.
③ 어떻게 부를 것인지 상대방에게 미리 물어봐야 한다.
④ 명함은 악수를 한 후 교환해야 한다.

42 다음은 K사에서 근무하는 L사원의 업무일지이다. L사원이 출근 후 두 번째로 해야 할 일은 무엇인가?

날짜	2024년 3월 7일 목요일
내용	[오늘 할 일] • 팀 회의 준비 – 회의실 예약 후 마이크 및 프로젝터 체크 • 외주업체로부터 판촉 행사 브로슈어 샘플 디자인 받기 • 지난 주 외근 지출결의서 총무부 제출(늦어도 퇴근 전까지) • 회사 홈페이지, 관리자 페이지 및 업무용 메일 확인(출근하자마자 확인) • 14시 브로슈어 샘플 디자인 피드백 팀 회의 [주요 행사 확인] • 3월 14일 목요일 – 화이트데이 행사 • 3월 22일 금요일 – 또 하나의 마을

① 회의실 예약 후 마이크 및 프로젝터 체크
② 외주업체로부터 브로슈어 샘플 디자인 받기
③ 외근 관련 지출결의서 총무부 제출
④ 회사 홈페이지, 관리자 페이지 및 업무용 메일 확인

43 다음 중 집단의 유형에 대한 설명으로 옳지 않은 것은?

① 공식적 집단의 목표는 비공식적 집단에 비해 광범위하며 유연하게 설정된다.

② 공식적 집단과 달리 비공식적 집단은 자발적 욕구에 의해 형성된다.

③ 비공식적 집단의 활동은 공식적 집단의 활동을 지원하기도 한다.

④ 공식적 집단의 구성원은 비공식적 집단의 구성원에 비해 인위적으로 결정된다.

44 김부장과 박대리는 K공사의 고객지원실에서 근무하고 있다. 다음 상황에서 김부장이 박대리에게 지시할 사항으로 가장 적절한 것은?

> • 부서별 업무분장
> – 인사혁신실 : 신규 채용, 부서 / 직무별 교육계획 수립 / 시행, 인사고과 등
> – 기획조정실 : 조직문화 개선, 예산사용계획 수립 / 시행, 대외협력, 법률지원 등
> – 총무지원실 : 사무실, 사무기기, 차량 등 업무지원 등
>
> 〈상황〉
>
> 박대리 : 고객지원실에서 사용하는 A4 용지와 볼펜이 부족해서 비품을 신청해야 할 것 같습니다. 그리고 지난번에 말씀하셨던 고객 상담 관련 사내 교육 일정이 이번에 확정되었다고 합니다. 고객지원실 직원들에게 관련 사항을 전달하려면 교육 일정 확인이 필요할 것 같습니다.

① 박대리, 총무지원실에 가서 교육 일정 확인하고, 간 김에 비품 신청도 하고 오세요.

② 박대리, 기획조정실에 가서 교육 일정 확인하고, 인사혁신실에 가서 비품 신청하고 오도록 해요.

③ 박대리, 총무지원실에 전화해서 비품 신청하고, 기획조정실에 가서 교육 일정 확인하고 나한테 알려줘요.

④ 박대리, 총무지원실에 전화해서 비품 신청하고, 인사혁신실에 가서 교육 일정 확인하고 나한테 알려줘요.

45 다음 중 조직목표의 기능에 대한 설명으로 옳지 않은 것은?

① 조직이 나아갈 방향을 제시해 주는 기능을 한다.

② 조직구성원의 의사결정 기준의 기능을 한다.

③ 조직구성원의 행동에 동기를 유발시키는 기능을 한다.

④ 조직을 운영하는 데 융통성을 제공하는 기능을 한다.

46 K회사는 새롭게 개발한 립스틱을 대대적으로 홍보하고 있다. 다음 글을 읽고 대안으로 가장 적절한 것은?

> K회사 립스틱의 특징은 지속력과 선명한 색상, 그리고 20대 여성을 타깃으로 한 아기자기한 디자인이다. 하지만 립스틱의 홍보가 안 되고 있어 매출이 좋지 않다. 조사결과 저가 화장품이라는 브랜드 이미지 때문인 것으로 드러났다.

① 블라인드 테스트를 통해 제품의 질을 인정받는다.
② 홍보비를 두 배로 늘려 더 많이 광고한다.
③ 브랜드 이름을 최대한 감추고 홍보한다.
④ 무료 증정 이벤트를 연다.

47 경영이 어떻게 이루어지냐에 따라 조직의 생사가 결정된다고 할 만큼 경영은 조직에 있어서 핵심이다. 다음 중 경영전략을 추진하는 과정에 대한 설명으로 적절하지 않은 것은?

① 환경분석을 할 때는 조직의 내부환경뿐만 아니라 외부환경에 대한 분석도 필수이다.
② 전략목표는 비전과 미션으로 구분되는데, 둘 다 있어야 한다.
③ 경영전략은 조직전략, 사업전략, 부문전략으로 분류된다.
④ '환경분석 → 전략목표 설정 → 경영전략 도출 → 경영전략 실행 → 평가 및 피드백'의 과정을 거쳐 이루어진다.

48 다음 대화를 읽고 조직목표의 기능과 특징에 대한 설명으로 옳지 않은 것은?

> 이대리 : 박부장님께서 우리 회사의 목표가 무엇인지 생각해 본 적 있냐고 하셨을 때 당황했어. 평소에 딱히 생각하고 지내지 않았던 것 같아.
> 김대리 : 응, 그러기 쉽지. 개인에게 목표가 있어야 그것을 위해서 무언가를 하는 것처럼 당연히 조직에도 목표가 있어야 하는데 조직에 속해 있으면 당연히 알아두어야 한다고 생각해.

① 조직이 존재하는 정당성을 제공한다.
② 의사 결정을 할 때뿐만 아니라 하고 나서의 기준으로도 작용한다.
③ 공식적 목표와 실제적 목표는 다를 수 있다.
④ 동시에 여러 개를 추구하는 것보다 하나씩 순차적으로 처리해야 한다.

49 다음은 기준을 통해 조직문화를 4가지로 구분한 내용이다. 빈칸 (가) ~ (라)에 대한 설명으로 옳지 않은 것은?

	유연성, 자율성 강조		
내부지향성, 통합 강조	(가)	(나)	외부지향성, 차별 강조
	(다)	(라)	
	안정, 통제 강조		

① (가)는 조직구성원 간 인화단결, 협동, 팀워크, 공유가치, 사기, 의사결정과정에 참여 등을 중요시한다.

② (나)는 규칙과 법을 준수하고, 관행과 안정, 문서와 형식, 명확한 책임소재 등을 강조하는 관리적 문화의 특징을 가진다.

③ (다)는 조직내부의 통합과 안정성을 확보하고, 현상유지 차원에서 계층화되는 조직문화이다.

④ (라)는 실적을 중시하고, 직무에 몰입하며, 미래를 위한 계획을 수립하는 것을 강조한다.

50 다음은 조직구조에 대한 설명이다. 이에 해당하는 조직 유형은 무엇인가?

> 의사결정 권한이 조직의 상층부에 집중되어 있다. 조직의 규모가 작거나 신설 조직이며 조직의 활동에 많은 예산이 필요할 때, 조직이 위기에 처하거나 직원들의 능력이 부족할 때 장점을 가지게 되는 구조로 행정의 통일성, 빠른 결정 등이 가능하다.

① 분권화　　　　　　　　　　　② 집권화
③ 수평적　　　　　　　　　　　④ 공식성

제3회
경기도 공공기관
통합채용

NCS 직업기초능력평가

www.sdedu.co.kr

〈문항 및 시험시간〉

평가영역	문항 수	시험시간	모바일 OMR 답안분석
의사소통능력＋수리능력＋문제해결 능력＋자원관리능력＋조직이해능력	50문항	50분	

제3회 모의고사

문항 수 : 50문항
시험시간 : 50분

01 다음은 스마트시티에 대한 기사이다. 스마트시티 전략의 사례로 적절하지 않은 것은?

> 건설·정보통신기술 등을 융·복합하여 건설한 도시 기반시설을 바탕으로 다양한 도시서비스를 제공하는 지속가능한 도시를 스마트시티라고 한다.
>
> 최근 스마트시티에 대한 관심은 사물인터넷이나 만물인터넷 등 기술의 경이적인 발달이 제4차 산업혁명을 촉발하고 있는 것과 같은 선상에서, 정보통신기술의 발달이 도시의 혁신을 이끌고 도시 문제를 현명하게 해결할 수 있을 것이라는 기대로 볼 수 있다. 이처럼 정보통신기술을 적극적으로 활용하고자 하는 스마트시티 전략은 중국, 인도를 비롯하여 동남아시아, 남미, 중동 국가 등 전 세계 많은 국가와 도시들이 도시발전을 위한 전략적 수단으로 표방하고 추진 중이다.
>
> 국내에서도 스마트시티 사업으로 대전 도안, 화성 동탄 등 26개 도시가 준공되었으며, 의정부 민락, 양주 옥정 등 39개 도시가 진행 중에 있다. 스마트시티 관리의 일환으로 공공행정, 기상 및 환경감시 서비스, 도시 시설물 관리, 교통정보 및 대중교통 관리 등이 제공되고 스마트홈의 일환으로 단지 관리, 통신 인프라, 홈 네트워크 시스템이 제공되며, 시민체감형 서비스의 일환으로 스마트 라이프 기반을 구현한다.

① 거리별 쓰레기통에 센서 장치를 활용하여 쓰레기 배출량 감소 효과
② 방범 CCTV 및 범죄 관련 스마트 앱 사용으로 범죄 발생률 감소 효과
③ 상하수도 및 지질정보 통합 시스템을 이용하여 시설 노후로 인한 누수 예방 효과
④ 교통이 혼잡한 도로의 확장 및 주차장 확대로 교통난 해결 효과

02 다음 중 로마자 표기가 옳지 않은 것은?

① 벚꽃(Beotkkot)
② 대관령(Daegwallyeong)
③ 묵호(Mukho)
④ 좋고(Jokko)

03 다음은 K공사 직무전결표의 일부분이다. 이에 따라 문서를 처리한 내용 중 적절하지 않은 것을 〈보기〉에서 모두 고르면?

직무내용	대표이사	위임전결권자		
		전무이사	상무이사	부서장
직원 채용 승인	○			
부서별 직원 채용 결과 통보				○
교육훈련 대상자 선정			○	
교육훈련 프로그램 승인		○		
직원 국내 출장 승인			○	
직원 해외 출장 승인		○		
임원 국내 출장 승인		○		
임원 해외 출장 승인	○			

〈보기〉

ㄱ. 전무가 출장 중이어서 교육훈련 프로그램 승인을 위해서 일단 상무이사 전결로 처리하였다.
ㄴ. 인사부장 명의로 영업부 직원 채용 결과서를 통보하였다.
ㄷ. 영업부 대리의 국내 출장을 승인받기 위해서 상무이사의 결재를 받았다.
ㄹ. 기획부의 교육 대상자를 선정하기 위해서 기획부장의 결재를 받아 처리하였다.

① ㄱ, ㄴ
② ㄱ, ㄴ, ㄷ
③ ㄱ, ㄴ, ㄹ
④ ㄱ, ㄷ, ㄹ

04 K기업은 영농철을 맞아 하루 동안 B마을의 농촌일손돕기 봉사활동을 펼친다. 1 ~ 3팀이 팀별로 점심시간을 제외하고 2시간씩 번갈아가면서 모내기 작업을 도울 예정이다. 봉사활동을 펼칠 하루 스케줄이 다음과 같을 때, 2팀이 일손을 도울 가장 적절한 시간대는 언제인가?(단, 팀별로 시간은 겹칠 수 없으며 2시간 연속으로 일한다)

〈팀별 스케줄〉

시간	팀별 스케줄		
	1팀	2팀	3팀
09:00 ~ 10:00	상품기획 회의		시장조사
10:00 ~ 11:00			
11:00 ~ 12:00			비품 요청
12:00 ~ 13:00	점심시간		
13:00 ~ 14:00			사무실 청소
14:00 ~ 15:00	업무지원	상품기획 회의	
15:00 ~ 16:00			
16:00 ~ 17:00	경력직 면접		마케팅 전략 회의
17:00 ~ 18:00			

① 10:00 ~ 12:00

② 11:00 ~ 13:00

③ 15:00 ~ 17:00

④ 16:00 ~ 18:00

05 해외로 출장을 가는 K대리는 다음 〈조건〉과 같이 이동하려고 계획하고 있다. 연착 없이 계획대로 출장지에 도착했을 때의 현지 시각은?

─〈조건〉─
- 서울 시각으로 5일 오후 1시 35분에 출발하는 비행기를 타고, 경유지 한 곳을 거쳐 출장지에 도착한다.
- 경유지는 서울보다 1시간 빠르고, 출장지는 경유지보다 2시간 느리다.
- 첫 번째 비행은 3시간 45분이 소요된다.
- 경유지에서 3시간 50분을 대기하고 출발한다.
- 두 번째 비행은 9시간 25분이 소요된다.

① 오전 5시 35분

② 오전 6시

③ 오후 5시 35분

④ 오후 6시

06 다음은 자동차 판매현황을 나타낸 자료이다. 〈보기〉 중 이에 대한 설명으로 옳은 것을 모두 고르면?

〈자동차 판매현황〉

(단위 : 천 대)

구분	2021년	2022년	2023년
소형	27.8	32.4	30.2
준중형	181.3	179.2	180.4
중형	209.3	202.5	205.7
대형	186.1	185.0	177.6
SUV	452.2	455.7	450.8

─〈보기〉─

ㄱ. 2021 ~ 2023년 동안 판매량이 지속적으로 감소하는 차종은 2종류이다.
ㄴ. 2022년 대형 자동차 판매량은 전년 대비 2% 미만 감소했다.
ㄷ. 3년 동안 SUV 자동차의 총 판매량은 대형 자동차 총 판매량의 2.5배 이하이다.
ㄹ. 2023년 판매량의 2022년 대비 증가율이 가장 높은 차종은 준중형이다.

① ㄱ, ㄷ
② ㄴ, ㄷ
③ ㄱ, ㄴ, ㄹ
④ ㄱ, ㄷ, ㄹ

07 K회사는 신제품의 품번을 다음 규칙에 따라 정한다. 제품에 설정된 임의의 영단어가 'INTELLECTUAL'이라면 이 제품의 품번으로 옳은 것은?

〈규칙〉

• 1단계 : 알파벳 A ~ Z를 숫자 1, 2, 3, …으로 변환하여 계산한다.
• 2단계 : 제품에 설정된 임의의 영단어를 숫자로 변환한 값의 합을 구한다.
• 3단계 : 임의의 영단어 속 자음의 합에서 모음의 합을 뺀 값의 절댓값을 구한다.
• 4단계 : 2단계와 3단계의 값을 더한 다음 4로 나누어 2단계의 값에 더한다.
• 5단계 : 4단계의 값이 정수가 아닐 경우에는 소수점 첫째 자리에서 버림한다.

① 120
② 140
③ 160
④ 180

08 다음 글의 제목으로 가장 적절한 것은?

우리는 비극을 즐긴다. 비극적인 희곡과 소설을 즐기고, 비극적인 그림과 영화 그리고 비극적인 음악과 유행가도 즐긴다. 슬픔, 애절, 우수의 심연에 빠질 것을 알면서도 소포클레스의 『안티고네』, 셰익스피어의 『햄릿』을 찾고, 베토벤의 〈운명〉, 차이코프스키의 〈비창〉, 피카소의 〈우는 연인〉을 즐긴다. 아니면 텔레비전의 멜로드라마를 보고 값싼 눈물이라도 흘린다. 이를 동정과 측은과 충격에 의한 '카타르시스', 즉 마음의 세척으로 설명한 아리스토텔레스의 주장은 유명하다. 그것은 마치 눈물로 스스로의 불안, 고민, 고통을 씻어내는 역할을 한다는 것이다.

니체는 좀 더 심각한 견해를 갖는다. 그는 "비극은 언제나 삶에 아주 긴요한 기능을 가지고 있다. 비극은 사람들에게 그들을 싸고도는 생명 파멸의 비운을 똑바로 인식해야 할 부담을 덜어 주고, 동시에 비극 자체의 암울하고 음침한 원류에서 벗어나게 해서 그들의 삶의 흥취를 다시 돋우어 준다."라고 하였다. 그런 비운을 직접 전면적으로 목격하는 일, 더구나 스스로 직접 그것을 겪는 일이라는 것은 너무나 끔찍한 일이기에, 그것을 간접경험으로 희석한 비극을 봄으로써 '비운'이란 그런 것이라는 이해와 측은지심을 갖게 되고, 동시에 실제 비극이 아닌 그 가상적인 환영(幻影) 속에서 비극에 대한 어떤 안도감도 맛보게 된다.

① 비극의 현대적 의의
② 비극에 반영된 삶
③ 비극의 기원과 역사
④ 비극을 즐기는 이유

09 다음은 경청훈련에 대한 글이다. 빈칸에 들어갈 내용으로 가장 적절한 것은?

_____은/는 보통 '누가·언제·어디서·언제 또는 어떻게'라는 어휘로 시작하며, 상대방의 다양한 생각을 이해하고 상대방으로부터 많은 정보를 얻기 위한 방법이다. 서로에 대한 이해 정도를 높일 수 있고, "직장을 옮기는 것에 대해 어떤 생각을 하고 있어요?", "당신, 기운이 없어 보이는군요. 무슨 일이 있어요?" 등의 표현을 예로 들 수 있다.

① '왜?'라는 질문 피하기
② 정확성을 위해 요약하기
③ 주의 기울이기
④ 개방적인 질문하기

※ 다음은 K공사 연구소의 주요 사업별 연락처이다. 이어지는 질문에 답하시오. [10~11]

〈주요 사업별 연락처〉

주요 사업	담당부서	연락처
고객지원	고객지원팀	044-410-7001
감사, 부패방지 및 지도점검	감사실	044-410-7011
국제협력, 경영평가, 예산기획, 규정, 이사회	전략기획팀	044-410-7023
인재개발, 성과평가, 교육, 인사, ODA사업	인재개발팀	044-410-7031
복무노무, 회계관리, 계약 및 시설	경영지원팀	044-410-7048
품질평가관리, 품질평가 관련 민원	평가관리팀	044-410-7062
가공품 유통 전반(실태조사, 유통정보), 컨설팅	유통정보팀	044-410-7072
대국민 교육, 기관 마케팅, 홍보관리, CS, 브랜드인증	고객홍보팀	044-410-7082
이력관리, 역학조사지원	이력관리팀	044-410-7102
유전자분석, 동일성검사	유전자분석팀	044-410-7111
연구사업 관리, 기준개발 및 보완, 시장조사	연구개발팀	044-410-7133
정부3.0, 홈페이지 운영, 대외자료제공, 정보보호	정보사업팀	044-410-7000

10 다음 중 K공사 연구소의 주요 사업별 연락처를 본 채용 지원자의 반응으로 적절하지 않은 것은?

① K공사 연구소는 1개 실과 11개 팀으로 이루어져 있구나.
② 예산기획과 경영평가는 같은 팀에서 종합적으로 관리하겠구나.
③ 평가업무라 하더라도 평가 특성에 따라 담당하는 팀이 달라지겠구나.
④ 홈페이지 운영은 고객홍보팀에서 마케팅과 함께 하겠구나.

11 다음 민원인의 요청을 듣고 난 후 민원을 해결하기 위해 연결할 부서로 가장 적절한 것은?

민원인 : 얼마 전 신제품 관련 등급 신청을 했습니다. 신제품 품질에 대한 등급에 대해 이의가 있습니다. 관련 건으로 담당자분과 통화하고 싶습니다.
상담직원 : 불편을 드려서 죄송합니다. ＿＿＿＿＿＿＿＿＿ 연결해 드리겠습니다. 잠시만 기다려 주십시오.

① 지도점검 업무를 담당하고 있는 감사실로
② 품질평가를 관리하는 평가관리팀으로
③ 기관의 홈페이지 운영을 전담하고 있는 정보사업팀으로
④ 이력관리 업무를 담당하고 있는 이력관리팀으로

12 K회사의 임직원들은 출장지에서 묵을 방을 배정받는다고 한다. 출장 인원은 대표를 포함한 10명이며, 그중 6명은 숙소 배정표와 같이 미리 배정되었다. 생산팀의 장과장, 인사팀의 유과장, 총무팀의 박부장, 대표 4명이 다음 〈조건〉에 따라 방을 배정받아야 할 때, 항상 거짓인 것은?

〈조건〉

- 같은 직급은 옆방으로 배정하지 않는다.
- 마주보는 방은 같은 부서 임직원이 배정받을 수 없다.
- 대표의 옆방은 부장만 배정받을 수 있다.
- 빈 방은 나란히 있거나 마주보지 않는다.

〈숙소 배정표〉

101호 인사팀 최부장	102호	103호 생산팀 강차장	104호	105호	106호 생산팀 이사원
			복도		
112호 관리팀 김부장	111호	110호	109호 총무팀 이대리	108호 인사팀 한사원	107호

① 인사팀의 유과장은 105호에 배정받을 수 없다.

② 104호는 아무도 배정받지 않을 수 있다.

③ 111호에는 생산팀의 장과장이 묵는다.

④ 총무팀의 박부장은 110호에 배정받는다.

13 K씨가 등산을 하는 도중 갑자기 쓰러져 같이 동행한 일행이 119에 신고를 하였다. 병원까지 가기 위해 들것에 실려 구급차까지 이동시간 20분, 구급차를 타고 응급실까지 100km/h의 속력으로 225km를 운전하여 가거나, K씨가 쓰러진 지점에서 응급헬기를 탈 경우 280km/h의 속력으로 70km를 비행하여 응급실에 도착한다. 응급헬기로 이동할 경우 구급차로 이동할 때보다 얼마나 빨리 응급실에 도착하는가?(단, 주어진 조건 외의 걸리는 시간은 무시한다)

① 2시간 20분
② 2시간 40분
③ 3시간 20분
④ 3시간 40분

14 K편의점에서는 A ~ C도시락을 판매한다. 어느 날 오전 중에 팔린 도시락의 수가 다음과 같을 때, 판매된 A도시락의 수는?

- 오전 중 판매된 A, B, C도시락은 총 28개이다.
- B도시락은 A도시락보다 한 개 더 많이 팔렸다.
- C도시락은 B도시락보다 두 개 더 많이 팔렸다.

① 8개
② 9개
③ 10개
④ 11개

15 다음 중 물적자원관리의 과정에 대한 설명으로 옳지 않은 것은?

① 물품의 정리 및 보관 시 물품을 앞으로 계속 사용할 것인지 그렇지 않을지를 구분해야 한다.
② 유사성의 원칙은 유사품을 같은 장소에 보관하는 것을 말하며, 이는 보관한 물품을 보다 쉽고 빠르게 찾을 수 있도록 하기 위해서 필요하다.
③ 물품이 특성에 맞는 보관장소를 선정해야 하므로, 종이류와 유리 등은 그 재질의 차이로 인해서 보관장소의 차이를 두는 것이 바람직하다.
④ 물품의 정리 시 회전대응 보관의 원칙은 입출하의 빈도가 높은 품목은 출입구 가까운 곳에 보관하는 것을 말한다.

16 A ~ E 5명이 순서대로 퀴즈게임을 해서 벌칙을 받을 사람 1명을 선정하고자 한다. 다음 게임 규칙과 결과에 근거할 때, 〈보기〉 중 항상 옳은 것을 모두 고르면?

- 규칙
  - A → B → C → D → E 순서대로 퀴즈를 1개씩 풀고, 모두 한 번씩 퀴즈를 풀고 나면 한 라운드가 끝난다.
  - 퀴즈 2개를 맞힌 사람은 벌칙에서 제외되고, 다음 라운드부터는 게임에 참여하지 않는다.
  - 라운드를 반복하여 맨 마지막까지 남는 한 사람이 벌칙을 받는다.
  - 벌칙을 받을 사람이 결정되면 라운드 중이라도 더 이상 퀴즈를 출제하지 않는다.
  - 게임 중 동일한 문제는 출제하지 않는다.
- 결과
  3라운드에서 A는 참가자 중 처음으로 벌칙에서 제외되었고, 4라운드에서는 오직 B만 벌칙에서 제외되었으며, 벌칙을 받을 사람은 5라운드에서 결정되었다.

〈보기〉

ㄱ. 5라운드까지 참가자들이 정답을 맞힌 퀴즈는 총 9개이다.
ㄴ. 게임이 종료될 때까지 총 22개의 퀴즈가 출제되었다면, E는 5라운드에서 퀴즈의 정답을 맞혔다.
ㄷ. 게임이 종료될 때까지 총 21개의 퀴즈가 출제되었다면, 퀴즈를 푸는 순서가 벌칙을 받을 사람 선정에 영향을 미친 것으로 볼 수 있다.

① ㄱ
② ㄴ
③ ㄱ, ㄷ
④ ㄴ, ㄷ

17 다음은 K공사의 보안업무취급 규칙에 따른 보안업무 책임자 및 담당자와 이들의 임무에 대한 자료이다. 이에 대한 내용으로 적절하지 않은 것은?

〈보안업무 책임자 및 담당자〉

구분	이사장	총무국장	비서실장	팀장
보안책임관	○			
보안담당관		○		
비밀보관책임자				○
시설방호책임자	○			
시설방호부책임자		○		
보호구역관리책임자			○ (이사장실)	○ (지정보호구역)

〈보안업무 책임자 및 담당자의 임무〉

구분	수행임무
보안책임관	• 공단의 보안업무 전반에 대한 지휘, 감독총괄
보안담당관	• 자체 보안업무 수행에 대한 계획, 조정 및 감독 • 보안교육 및 비밀관리, 서약서 집행 • 통신보안에 관한 사항 • 비밀의 복제, 복사 및 발간에 대한 통제 및 승인 • 기타 보안업무 수행에 필요하다고 인정하는 사항 • 비밀취급인가
비밀보관책임자	• 비밀의 보관 및 안전관리 • 비밀관계부철의 기록 유지
시설방호책임자	• 자체 시설 방호계획 수립 및 안전관리 • 자위소방대 편성, 운영 • 시설방호 부책임자에 대한 지휘, 감독
시설방호부책임자	• 시설방호책임자의 보좌 • 자체 시설 방호계획 및 안전관리에 대한 실무처리 • 자위소방대 편성, 운영
보호구역관리책임자	• 지정된 보호구역의 시설안전관리 및 보안유지 • 보호구역내의 출입자 통제

① 비밀취급인가를 신청할 때 필요한 서약서는 이사장에게 제출해야 한다.
② 비밀관리기록부를 갱신할 때에는 담당부서 팀장의 확인을 받아야 한다.
③ 비서실장은 이사장실을 수시로 관리하고, 외부인의 출입을 통제해야 한다.
④ 이사장과 총무국장은 화재 예방을 위해 자위소방대를 편성·운영해야 한다.

※ 다음은 각 지역이 중앙정부로부터 배분받은 지역산업기술개발사업 예산 중 다른 지역으로 유출된 예산의 비중에 대한 자료이다. 이어지는 질문에 답하시오. **[18~20]**

(단위 : %)

구분	2019년	2020년	2021년	2022년	2023년
강원	21.9	2.26	4.74	4.35	10.08
경남	2.25	1.55	1.73	1.90	3.77
경북	0	0	3.19	2.25	2.90
광주	0	0	0	4.52	2.85
대구	0	0	1.99	7.19	10.51
대전	3.73	5.99	4.87	1.87	0.71
부산	2.10	2.02	3.08	5.53	5.72
수도권	0	0	23.71	0	0
울산	6.39	6.57	12.65	7.13	9.62
전남	1.35	0	6.98	5.45	7.55
전북	0	0	2.19	2.67	5.84
제주	0	1.32	6.43	5.82	6.42
충남	2.29	1.54	3.23	4.45	4.32
충북	0	0	1.58	4.13	5.86

18 다음 중 자료를 판단한 내용으로 옳지 않은 것은?

① 조사 기간에 다른 지역으로 유출된 예산의 비중의 합이 가장 적은 곳은 광주이다.

② 조사 기간 동안 한 번도 0%를 기록하지 못한 곳은 총 5곳이다.

③ 2020년부터 부산의 유출된 예산 비중이 계속 상승하고 있다.

④ 조사 기간 동안 가장 높은 예산 비중을 기록한 지역은 수도권이다.

19 2019년부터 2023년까지 유출된 예산 비중의 총합이 가장 큰 지역의 평균은?(단, 소수점 둘째 자리에서 반올림한다)

① 7.7%　　　　　　　　　　　② 8.2%

③ 8.7%　　　　　　　　　　　④ 9.2%

20 다음 〈보기〉 중 자료에 대한 설명으로 옳은 것을 모두 고르면?

〈보기〉
ㄱ. 2021 ~ 2023년 대전의 유출된 예산 비중은 전년 대비 계속 감소했다.
ㄴ. 지역별로 유출된 예산 비중의 총합이 가장 높은 연도는 2022년이다.
ㄷ. 2021년에 전년 대비 유출된 예산 비중이 1%p 이상 오르지 못한 곳은 총 4곳이다.
ㄹ. 2019년 강원의 유출된 예산 비중은 다른 모든 지역의 비중의 합보다 높다.

① ㄱ, ㄴ
② ㄱ, ㄹ
③ ㄴ, ㄹ
④ ㄷ, ㄹ

21 경기도의 K지점에 다니는 U대리는 중요한 서류를 전달하기 위해 서울에 위치한 본사에 방문하려고 한다. U대리는 오전 9시에 출발해서 오전 11시에 있는 행사가 시작하기 전까지 본사에 도착해야 할 때, 다음 중 시간 안에 가장 빨리 도착할 수 있는 방법은 무엇인가?(단, 환승 시간은 무시한다)

〈이동 시 이용가능 교통편 현황〉

경기도 K지점 – 고속터미널			고속터미널 – 본사		
교통편	운행시간	소요시간	교통편	운행시간	소요시간
버스	매시 5분 출발 후 10분 간격	1시간	지하철	매시 10분, 50분	15분
지하철	매시 10분 출발 후 20분 간격	45분	택시	제한 없음	30분
자가용	제한 없음	1시간 20분	버스	매시 20분, 40분	25분

① 버스 – 택시
② 지하철 – 버스
③ 자가용 – 지하철
④ 지하철 – 택시

22 다음 중 SWOT 분석에 대한 설명으로 적절하지 않은 것은?

〈SWOT 분석〉

강점, 약점, 기회, 위협요인을 분석·평가하고 이들을 서로 연관 지어 전략을 개발하고 문제해결 방안을 개발하는 방법이다.

	강점 (Strengths)	약점 (Weaknesses)
기회 (Opportunities)	SO	WO
위협 (Threats)	ST	WT

① 강점과 약점은 외부 환경요인에 해당하며, 기회와 위협은 내부 환경요인에 해당한다.
② SO전략은 강점을 살려 기회를 포착하는 전략을 의미한다.
③ ST전략은 강점을 살려 위협을 회피하는 전략을 의미한다.
④ WO전략은 약점을 보완하여 기회를 포착하는 전략을 의미한다.

23 다음 기사에 나타난 문제 유형을 바르게 설명한 것은?

도색이 완전히 벗겨진 차선과 지워지기 직전의 흐릿한 차선이 서울 강남의 도로 여기저기서 발견되고 있다. 알고 보니 규격 미달의 불량 도료 때문이었다. 시공 능력이 없는 업체들이 서울시가 발주한 도색 공사를 따낸 뒤, 브로커를 통해 전문 업체에 공사를 넘겼고, 이 과정에서 수수료를 떼인 전문 업체들은 손해를 만회하기 위해 값싼 도료를 사용한 것이다. 차선용 도료에 값싼 일반용 도료를 섞다 보니 야간에 차선이 잘 보이도록 하는 유리알이 제대로 붙어있지 못해 차선 마모는 더욱 심해졌다. 지난 4년간 서울 전역에서는 74건의 부실 시공이 이뤄졌고, 총 공사 대금은 183억 원에 달하는 것으로 밝혀졌다.

① 발생형 문제로, 일탈 문제에 해당한다.
② 발생형 문제로, 미달 문제에 해당한다.
③ 탐색형 문제로, 잠재 문제에 해당한다.
④ 탐색형 문제로, 예측 문제에 해당한다.

24 다음과 같이 일정한 규칙으로 수를 나열할 때, 빈칸에 들어갈 수는?

2	12	32	72	152	312	632	(	)

① 1,254 ② 1,262

③ 1,264 ④ 1,272

25 K대리가 다음과 같이 A사원에게 '상반기 고객 데이터 수치'에 대한 문서 작성을 요구하였다. 자료에 있는 작성 내용을 토대로 한 〈보기〉의 작성 방법 중 적절한 것을 모두 고르면?

A씨, 이번 보고서에 고객 데이터 수치가 들어가야 해요. 데이터 수치는 시트 제목을 '상반기 고객 데이터 수치'라고 해서 작성하고 함수를 사용해 평균을 구해 주세요. 또 실제 구매율이 있는 고객은 ○, 아닌 고객은 × 표시가 나올 수 있게 다른 열에 구분표를 만들어 주세요. 또 간단하게 작업할 것이 있는데 A4 용지 한 장 분량의 고객 마케팅 관련 설명문을 넣어야 합니다. 설명문은 따로 워드로 저장해서 주세요. 자간은 160%로 띄워 주시고 본문 서체는 바탕, 10pt로 부탁할게요. 마지막으로 마케팅 사례에 사진 자료를 덧붙이고 전달력 있는 발표를 위해서 다양한 효과를 사용하면 좋을 것 같네요.

─────〈보기〉─────

㉠ 스프레드 시트를 사용하여 상반기 고객 데이터를 정리하였다.
㉡ 고객 마케팅 관련 설명문을 스프레드 시트2에 작성하였다.
㉢ PPT의 레이아웃을 이용해 고객 마케팅 설명문과 마케팅 사례를 작성하였다.
㉣ 고객 마케팅 관련 설명문을 워드를 사용해 작성하였다.
㉤ 마케팅 사례를 PPT를 이용해 다양한 효과를 넣어 작성하였다.

① ㉠ ② ㉡, ㉤

③ ㉢, ㉣ ④ ㉠, ㉣, ㉤

26 다음은 예산 관리 시스템의 유형 중 하나인 '항목별 예산 관리'에 대한 글이다. 항목별 예산 관리의 특징으로 적절하지 않은 것은?

> 항목별 예산 관리는 대개 회계연도를 기준으로 하는 가장 기본적인 예산형식이며, 사회복지 조직에서 가장 많이 사용되고 있는 유형이다. 지출항목별 회계와 전년도에 기초하여 작성되며 액수의 점진적인 증가에 기초를 둔 점진주의적 특징을 가진다.

① 지출근거가 명확하므로 예산 통제에 효과적이다.
② 예산 항목별로 지출이 정리되므로 회계에 유리하다.
③ 예산 증감의 신축성을 가진다.
④ 예산 증감의 기준의 타당성이 희박하고 효율성을 무시한다.

27 다음 글의 주장을 반박하는 내용으로 적절하지 않은 것은?

> 윤리와 관련하여 가장 광범위하게 받아들여진 사실 가운데 하나는 옳은 것과 그른 것에 대한 광범위한 불일치가 과거부터 현재까지 항상 있었고, 아마도 앞으로도 계속 있을 것이라는 점이다. 가령 육식이 올바른지를 두고 한 문화에 속해 있는 사람들의 판단은 다른 문화에 속해 있는 사람들의 판단과 굉장히 다르다. 그뿐만 아니라 한 문화에 속한 사람들의 판단은 시대마다 아주 다르기도 하다. 심지어 우리는 동일한 문화와 시대 안에서도 하나의 행위에 대해 서로 다른 윤리적 판단을 하는 경우를 볼 수 있다.
> 이러한 사실이 의미하는 바는 사람들의 윤리적 기준이 시간과 장소 그리고 그들이 사는 상황에 따라 달라진다는 것이다. 그러므로 올바른 윤리적 기준은 그것을 적용하는 사람에 따라 상대적이다. 이것이 바로 윤리적 상대주의의 핵심 논지이다. 따라서 우리는 윤리적 상대주의가 참이라는 결론을 내려야 한다.

① 사람들의 윤리적 판단은 그들이 사는 지역에 따라 크게 다르지 않다.
② 윤리적 상대주의가 옳다고 해서 사람들의 윤리적 판단이 항상 서로 다른 것은 아니다.
③ 윤리적 판단이 다르다고 해서 윤리적 기준도 반드시 달라지는 것은 아니다.
④ 인류학자들에 따르면 문화에 따른 판단의 차이에도 불구하고 일부 윤리적 기준은 보편적으로 신봉되고 있다.

28 4월 2일부터 4월 6일까지 미국 지점 방문을 위해 출장을 가는 박차장은 총무부 이사원으로부터 출장 일정과 함께 국제매너가 정리되어 있는 메일을 받았다. 다음 밑줄 친 내용 중 옳지 않은 것은?

2024년 3월 27일(수) 13:30
제목 : 해외 출장 일정 및 기타 사항
수신 : 박차장(nhpark@××.co.kr)
발신 : 이사원(leenh@××.co.kr)

안녕하십니까? 저는 총무부 이사원입니다. 4월 2일부터 6일까지 있을 출장 일정과 알아두면 좋을 내용까지 함께 정리해서 보냅니다.

◆ 출장 일정 및 장소 : 미국, 2024년 4월 2일(화) ~ 2024년 4월 6일(토)

일시	장소 및 내용
4월 2일(화) ~ 4월 3일(수)	• 뉴욕(H은행) 　- 현지 영업 수행 상태 점검 • 뉴욕(K증권) 　- 현지 영업 수행 상태 점검 및 시장조사
4월 4일(목) ~ 4월 5일(금)	• LA(중앙회) 　- 상·하반기 농산물 시장 개척 활동 지원 확인 　- 상·하반기 정부 조사 보고
4월 6일(토)	• 샌프란시스코 　- LA(중앙회)·뉴욕(H은행·K증권) 지점장과 함께 만찬

◆ 알아두면 좋은 국제매너
　[인사 예절]
　• 악수 방법 : ① 상대방의 눈이나 얼굴을 보면서 오른손으로 상대방의 오른손을 잠시 힘주어서 잡았다가 놓는다.
　• 대화법 : 이름이나 호칭을 어떻게 부를지 먼저 물어보는 것의 예의이다.
　[시간 약속]
　② 미국은 시간 엄수를 매우 중요하게 생각한다.
　[식사 예절]
　• 수프는 소리 내면서 먹지 않는다.
　• ③ 포크와 나이프는 몸에서 가장 안쪽에 있는 것부터 사용한다.
　• ④ 뜨거운 수프는 입으로 불어서 식히지 않고 숟가락으로 저어서 식혀야 한다.
　• 빵은 수프를 먹고 난 후부터 먹으며, 디저트 직전 식사가 끝날 때까지 먹을 수 있다.
　• 스테이크는 잘라 가면서 먹는 것이 좋다.
　• 생선 요리는 뒤집어 먹지 않는다.

29 다음 〈조건〉에 따라 교육부, 행정안전부, 보건복지부, 농림축산식품부, 외교부 및 국방부에 대한 국정감사 순서를 정한다고 할 때, 항상 옳은 것은?

─────〈조건〉─────

- 행정안전부에 대한 감사는 농림축산식품부와 외교부에 대한 감사 사이에 한다.
- 국방부에 대한 감사는 보건복지부와 농림축산식품부에 대한 감사보다 늦게 시작되지만, 외교부에 대한 감사보다 먼저 시작되어야 한다.
- 교육부에 대한 감사는 아무리 늦어도 보건복지부 또는 농림축산식품부 중 적어도 어느 한 부서에 대한 감사보다는 먼저 시작되어야 한다.
- 보건복지부는 농림축산식품부보다 먼저 감사를 시작한다.

① 교육부는 첫 번째 또는 두 번째에 감사를 시작한다.
② 보건복지부는 두 번째로 감사를 시작한다.
③ 농림축산식품부보다 늦게 감사를 받는 부서의 수가 일찍 받는 부서의 수보다 적다.
④ 국방부는 행정안전부보다 감사를 일찍 시작한다.

30 다음 중 ㉠~㉢을 논리적 순서대로 바르게 나열한 것은?

어떤 문화의 변동은 결코 외래문화의 압도적 영향이나 이식에 의해 일방적으로 이루어지는 것이 아니라, 수용 주체의 창조적·능동적 측면과 관련되어 이루어지는 매우 복합적인 성격의 것이다.
㉠ 그리하여 외래문화 중에서 이러한 결핍 부분의 충족에 유용한 부분만을 선별해서 선택적으로 수용하게 된다.
㉡ 이러한 수용 주체의 창조적·능동적 측면은 문화 수용과 변동에서 무엇보다도 우선하는 것인데, 이것이 외래문화 요소의 수용을 결정짓는다.
㉢ 즉, 어떤 문화의 내부에 결핍 요인이 있을 때 그 문화의 창조적·능동적 측면은 이를 자체적으로 극복하려 노력하지만, 이러한 극복이 내부에서 성취될 수 없을 때 그것은 외래 요소의 수용을 통해 이를 이루고자 한다.
다시 말해, 외래문화는 수용 주체의 내부 요인에 따라 수용 또는 거부되는 것이다.

① ㉠-㉡-㉢
② ㉠-㉢-㉡
③ ㉡-㉢-㉠
④ ㉢-㉡-㉠

※ 다음은 조직의 유형을 나타낸 자료이다. 이어지는 질문에 답하시오. [31~32]

〈조직의 유형〉

31 다음 중 조직의 유형에 대한 내용으로 옳지 않은 것은?

① 기업과 같이 이윤을 목적으로 하는 조직은 영리조직이다.

② 조직 규모를 기준으로 보면, 가족 소유의 상점은 소규모조직, 대기업은 대규모조직의 사례로 볼 수 있다.

③ 공식조직 내에서 인간관계를 지향하면서 비공식조직이 새롭게 생성되기도 한다.

④ 비공식조직은 조직의 구조, 기능, 규정 등이 조직화되어 있다.

32 다음 중 밑줄 친 비영리조직의 사례로 보기 어려운 것은?

① 정부조직　　　　　　　　　② 병원

③ 대기업　　　　　　　　　　④ 시민단체

33 다음 글에 대한 내용으로 적절한 것을 〈보기〉에서 모두 고르면?

> 식탁을 만드는 데 노동과 자본만 투입된다. 노동자 1명의 시간당 임금은 8,000원이다. 노동자 1명이 투입되어 A기계 또는 B기계를 사용하여 식탁을 생산한다. A기계를 사용하면 10시간이 걸리고, B기계를 사용하면 7시간이 걸린다. 식탁 1개의 시장가격은 100,000원이다.
> A기계의 임대료는 식탁 1개를 생산하는 경우 10,000원이고, B기계는 20,000원이다.
> A, B기계 중 어떤 것을 사용해도 생산된 식탁의 품질은 같다고 하면 기업들은 어떤 기계를 사용할 것인가?
> (단, 작업 환경·물류비 등 다른 조건은 고려하지 않는다)

〈보기〉
ㄱ. 기업들은 B기계보다는 A기계를 선택할 것이다.
ㄴ. '어떻게 생산할 것인가?'와 관련된 경제 문제이다.
ㄷ. 합리적인 선택을 했다면 식탁 1개당 24,000원의 이윤을 기대할 수 있다.
ㄹ. A기계를 사용하는 경우 식탁 1개를 만드는 데 드는 비용은 80,000원이다.

① ㄱ, ㄴ
② ㄱ, ㄷ
③ ㄴ, ㄷ
④ ㄷ, ㄹ

34 조각 케이크 1조각을 정가로 팔면 3,000원의 이익을 얻는다. 만일, 장사가 되지 않아 정가에서 20%를 할인하여 5개 팔았을 때 순이익과 조각 케이크 1조각당 정가에서 2,000원씩 할인하여 4개를 팔았을 때의 매출액이 같다면, 이 상품의 정가는 얼마인가?

① 4,000원
② 4,200원
③ 4,400원
④ 4,600원

35 다음 〈조건〉을 토대로 판단할 때 항상 옳은 것은?

---〈조건〉---

- 철수, 영희, 돌이, 삼순 네 사람은 각각 A, B, C, D 중 하나의 학점을 받았다.
- 철수는 영희보다 학점이 높다.
- 돌이는 영희보다 학점이 낮다.
- 가장 학점이 낮은 것은 삼순이라고 한다.

① 영희는 철수보다 학점이 높다.
② 철수는 돌이보다 학점이 낮다.
③ 영희는 돌이보다 학점이 높다.
④ 돌이의 학점은 철수보다 높지만 영희보다는 낮다.

36 다음 문장을 논리적 순서대로 바르게 나열한 것은?

(가) 그렇기 때문에 이 간극을 줄이려면 남녀 고용 평등의 확대를 위해 채용 목표제를 강화할 필요가 있다.
(나) 우리나라 대졸 이상 여성의 고용 비율은 OECD 국가 중 최하위인데, 이는 채용 과정에서 여성이 부당한 차별을 받는 경우가 많다는 것을 보여준다.
(다) 우리나라 남녀 전체의 평균 고용 비율 격차는 31.8%로, 남성보다 여성의 고용 비율이 현저히 낮다.
(라) 이러한 차별을 없애기 위해 강화된 법규가 준수될 수 있도록 정부의 계도와 감독 기능을 강화해야 할 것이다.
(마) 고용 시 여성에게 일정 비율을 할애하는 것은 남성에 대한 역차별이라는 주장이 있기는 하지만, 남녀 고용 평등이 어느 정도 실현될 때까지 여성에 대한 배려는 불가피하다.

① (가) – (나) – (마) – (다) – (라)
② (다) – (가) – (마) – (나) – (라)
③ (다) – (나) – (라) – (가) – (마)
④ (라) – (다) – (가) – (나) – (마)

37 다음은 치료감호소 수용자 현황에 대한 자료이다. 빈칸 (가) ~ (라)에 해당하는 수를 모두 더한 값은?

〈치료감호소 수용자 현황〉

(단위 : 명)

구분	약물	성폭력	심신장애자	합계
2018년	89	77	520	686
2019년	(가)	76	551	723
2020년	145	(나)	579	824
2021년	137	131	(다)	887
2022년	114	146	688	(라)
2023년	88	174	688	1,021

① 1,524

② 1,639

③ 1,751

④ 1,763

38 올해 정규직으로 전환된 신입사원들에게 명함을 배부하였다. 명함은 1인당 국문 130장, 영문 70장씩 지급되었다. 국문 명함 중 50장은 고급종이로 제작되었고, 나머지는 모두 일반종이로 제작되었다. 명함을 만드는 데 들어간 총비용이 808,000원이라면, 신입사원은 모두 몇 명인가?

〈제작비용〉

• 국문 명함 : 50장당 10,000원 / 10장 단위 추가 시 2,500원
• 영문 명함 : 50장당 15,000원 / 10장 단위 추가 시 3,500원
※ 고급종이로 만들 경우 정가의 10% 가격이 추가된다.

① 14명

② 16명

③ 18명

④ 20명

39 다음은 K중학교의 여름방학 방과 후 학교 신청 학생 중 과목별 학생 수를 비율로 나타낸 그래프이다. 방과 후 학교를 신청한 전체 학생이 200명일 때, 수학을 선택한 학생은 미술을 선택한 학생보다 몇 명 더 적은가?

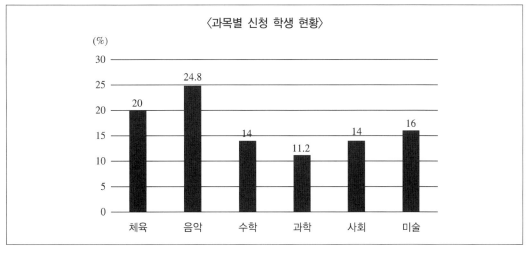

① 3명

② 4명

③ 5명

④ 6명

40 귀하는 K회사의 영업팀에 채용되어 일주일간의 신입사원 교육을 마친 뒤, 오늘부터 본격적인 업무를 시작하게 되었다. 영업팀 팀장은 첫 출근한 귀하를 자리로 불러 "다른 팀장들에게 인사하기 전에, 인사기록카드를 작성해서 관련 팀에 제출하도록 하세요. 그리고 우리 팀 비품 신청 건이 어떻게 처리되고 있는지도 좀 부탁해요."라고 하였다. 팀장의 지시를 모두 처리하기 위한 귀하의 행동으로 가장 적절한 것은?

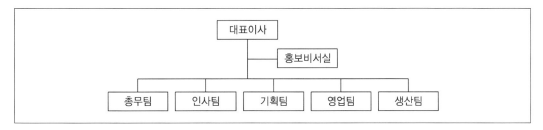

① 비서실에 가서 인사기록카드를 제출하고, 비품 구매 상황을 묻는다.

② 인사팀에 가서 인사기록카드를 제출하고, 비품 구매 상황을 묻는다.

③ 기획팀에 가서 인사기록카드를 제출하고, 생산팀에 가서 비품 구매 상황을 묻는다.

④ 인사팀에 가서 인사기록카드를 제출하고, 총무팀에 가서 비품 구매 상황을 묻는다.

41 K공사는 적합한 인재를 채용하기 위하여 NCS 기반 능력중심 공개채용을 시행하였다. 채용 절차를 모두 마친 면접자들의 평가점수를 최종 합격자 선발기준에 따라 판단하여 상위자 2명을 최종 합격자로 선정하고자 한다. 다음 중 최종 합격자를 바르게 짝지은 것은?

〈최종 합격자 선발기준〉

평가요소	의사소통능력	문제해결능력	조직이해능력	대인관계능력	합계
평가비중	40%	30%	20%	10%	100%

〈면접평가 결과〉

평가요소	A	B	C	D	E
의사소통능력	A^+	A^+	A^+	B^+	C
문제해결능력	B^+	B+5	A^+	B+5	A+5
조직이해능력	A+5	A	C^+	A^+	A
대인관계능력	C	A^+	B^+	C^+	B^++5

※ 등급별 변환 점수 : A^+=100, A=90, B^+=80, B=70, C^+=60, C=50
※ 면접관의 권한으로 등급별 점수에 5점을 가점할 수 있다.

① A, B   ② B, C
③ C, D   ④ D, E

42 다음 중 조직 내의 업무 종류에 대한 설명으로 옳지 않은 것은?

① 기획부 : 교육체계 수립 및 관리, 임금제도, 복리후생제도 및 지원업무, 복무 관리, 퇴직관리 등
② 회계부 : 재무상태 및 경영실적 보고, 결산 관련 업무, 재무제표 분석 및 보고 등
③ 총무부 : 주주총회 및 이사회개최 관련 업무, 의전 및 비서업무, 집기비품 및 소모품의 구매와 관리, 사무실 임차 및 관리 등
④ 인사부 : 조직기구의 개편 및 조정, 업무분장 및 조정, 인력수급계획 및 관리, 직무 및 정원의 조정 종합, 노사관리 등

43 다음 글을 통해 알 수 있는 내용으로 적절하지 않은 것은?

인간의 사유는 특정한 기준을 바탕으로 다른 것과의 차이를 인식하는 것이라 할 수 있다. 이때의 기준을 이루는 근간(根幹)은 당연히 현실 세계의 경험과 인식이다. 하지만 인간은 현실적 경험으로 인식되지 않는 대상을 사유하기도 하는데, 그중 하나가 신화적 사유이며, 이는 상상력의 산물이다.

상상력은 통념(通念)상 현실과 대립하는 위치에 속한다. 또한, 현대 문명에서 상상력은 과학적·합리적 사고와 반대되는 사유 체계로 간주하기도 한다.

그러나 신화적 사유를 떠받치고 있는 상상력은 '현실적 - 비현실적', '논리적 - 비논리적', '합리적 - 비합리적' 등과 같은 단순한 양항 체계 속으로 환원될 수 없다.

초기 인류학에서는 근대 문명과 대비시켜 신화적 사유를 미개한 존재들의 미숙한 단계의 사고로 간주(看做)했었다. 이러한 입장을 대표하는 레비브륄에 따르면 미개인은 논리 이전의 사고방식과 비현실적 감각을 가진 존재이다. 그러나 신화 연구에 적지 않은 영향을 끼쳤고 오늘날에도 여전히 유효한 레비스트로스의 논의에 따르면 미개인과 문명인의 사고방식은 사물을 분류하는 방식과 주된 관심 영역 등이 다를 뿐, 어느 것이 더 합리적이거나 논리적이라고 할 수는 없다. 또한, 그것은 세계를 이해하는 두 가지의 서로 다른 방식 혹은 태도일 뿐이다. 신화적 사유를 비롯한 이른바 미개인의 사고방식을 가리키는 레비스트로스가 말하는 '야생의 사고'는, 이러한 사고방식이 근대인 혹은 문명인 못지않게 질서와 체계에 민감하고 그 나름의 현실적, 논리적, 합리적 기반을 갖추고 있음을 함축하고 있는 개념이다.

레비스트로스의 '야생의 사고'는 신화시대와 신화적 사유를 근대적 문명에 입각한 발전론적 시각이 아닌 상대주의적 시각으로 바라보았다는 점에서 의미가 크다. 그러나 그가 신화 자체의 사유 방식이나 특성을 특정 시대의 것으로 한정(限定)하는 오류를 범하고 있다는 점에 유의해야 한다. 과거 신화시대에 생겨난 신화적 사유는, 신화가 재현되고 재생되는 한 여전히 시간과 공간을 뛰어넘어 현재화되고 있기 때문이다.

이상에서 보듯이 신화적 사유는 현실적·경험적 차원의 '진실'이나 '비진실'로 구분될 수 없다. 신화는 허구적이거나 진실한 것 모두를 '재료'로 사용할 수 있으며, 이러한 재료들은 신화적 사유 고유의 규칙과 체계에 따라 배열된다. 그러므로 신화 텍스트에서 이러한 재료들의 구성 원리를 밝히는 것은 그 신화에 반영된 신화적 사유 체계를 밝히는 것이라 할 수 있다. 또한, 이는 신화를 공유하고 전승(傳承)해 왔던 집단의 원형적 사유 체계에 접근하는 작업이라고도 할 수 있다.

① 신화는 그 고유의 규칙과 체계를 갖고 있다.
② 신화적 사유는 상상력의 산물이라 할 수 있다.
③ 신화적 사유는 특정 시대의 사유 특성에 한정된다.
④ 신화적 상상력은 상상력에 대한 통념적 인식과 차이가 있다.

44 K씨는 자신에게 가장 적합한 신용카드를 발급받고자 한다. 다음 4가지의 카드 중 가장 적절한 것은?

〈K씨의 생활〉

K씨는 아침에 일어나 간단하게 끼니를 챙기고 출근을 한다. 자가용을 타고 가는 길은 항상 막혀 짜증이 날법도 하지만, K씨는 라디오 뉴스로 주요 이슈를 확인하느라 정신이 없다. 출퇴근 중에는 차에서 보내는 시간이 많아 주유비가 상당히 나온다. 그나마 기름 값이 싸져서 부담은 덜하다. 보조석에는 공과금 용지가 펼쳐져 있다. 혼자 살기 때문에 많은 요금이 나오지 않아 납부하는 것을 신경 쓰지 못하고 있다. 이제 곧 겨울이 올 것을 대비하여 오늘 오후에 차량 점검을 맡기려고 예약을 해두었다. 아직 사고는 난 적이 없지만 혹시나 하는 마음에 점검을 받으려고 한다.

〈신용카드 종류〉

A카드	B카드	C카드	D카드
• 놀이공원 할인 • 커피 할인 • Kids카페 할인	• 포인트 두 배 적립 • 6개월간 무이자 할인	• 공과금 할인 • 온라인 쇼핑몰 할인 • 병원 / 약국 할인	• 주유비 할인 • 차량 소모품 할인 • 상해보험 무료 가입

① A카드　　　　　　　　　　　　　　② B카드
③ C카드　　　　　　　　　　　　　　④ D카드

45 각각 다른 심폐기능 등급을 받은 A∼E 5명 중 등급이 가장 낮은 2명의 환자에게 건강관리 안내문을 발송하려 한다. 다음 〈조건〉을 토대로 발송 대상자를 바르게 짝지은 것은?

〈조건〉

• E보다 심폐기능이 좋은 환자는 2명 이상이다.
• E는 C보다 한 등급 높다.
• B는 D보다 한 등급 높다.
• A보다 심폐기능이 나쁜 환자는 2명이다.

① A, C　　　　　　　　　　　　　　② B, D
③ B, E　　　　　　　　　　　　　　④ C, E

46 K회사는 사내 축구대회를 진행하고 있다. 조별 리그전으로 진행하며 각 조에서 가장 승점이 높은 한 팀만 결승에 진출한다고 한다. 팀별 승패 현황이 다음과 같을 때, 결승에 진출하는 팀은?

<table>
<tr><th colspan="5" style="text-align:center">〈팀별 승패 현황〉</th></tr>
<tr><th colspan="2">1조</th><th colspan="2">2조</th></tr>
<tr><th>팀</th><th>결과</th><th>팀</th><th>결과</th></tr>
<tr><td>A팀</td><td>1승 4무</td><td>G팀</td><td>3승 2패</td></tr>
<tr><td>B팀</td><td>( )</td><td>H팀</td><td>2승 2무 1패</td></tr>
<tr><td>C팀</td><td>1무 4패</td><td>I팀</td><td>2승 1무 2패</td></tr>
<tr><td>D팀</td><td>2무 3패</td><td>J팀</td><td>3승 1무 1패</td></tr>
<tr><td>E팀</td><td>3승 1무 1패</td><td>K팀</td><td>( )</td></tr>
<tr><td>F팀</td><td>2승 1무 2패</td><td>L팀</td><td>1승 3무 1패</td></tr>
</table>

※ 승리 시 2점, 무승부 시 1점, 패배 시 0점의 승점을 부여한다.

① A팀, K팀   ② B팀, H팀

③ B팀, J팀   ④ E팀, G팀

47 다음 중 조직구조의 결정요인에 대한 설명으로 옳지 않은 것은?

① 급변하는 환경에서는 유기적 조직보다 원칙이 확립된 기계적 조직이 적절하다.

② 대규모 조직은 소규모 조직에 비해 업무의 전문화 정도가 높다.

③ 조직 활동의 결과에 대한 만족은 조직의 문화적 특성에 따라 상이하다.

④ 일반적으로 소량생산기술을 가진 조직은 유기적 조직구조를, 대량생산기술을 가진 조직은 기계적 조직구조를 가진다.

48 다음 글의 빈칸에 들어갈 문장으로 가장 적절한 것은?

> 19세기 중반의 화학자 분젠은 불꽃 반응에서 나타나는 물질 고유의 불꽃색에 대한 연구를 진행하고 있었다. 그는 버너 불꽃의 색을 제거한 개선된 버너를 고안함으로써 물질의 불꽃색을 더 잘 구별할 수 있도록 하였다. _____ 이에 물리학자 키르히호프는 프리즘을 통한 분석을 제안했고 둘은 협력하여 불꽃의 색을 분리시키는 분광 분석법을 창안했다. 이것은 과학사에 길이 남을 업적으로 이어졌다.

① 이를 통해 잘못 알려져 있었던 물질 고유의 불꽃색을 정확히 판별할 수 있었다.

② 그러나 불꽃색은 물질의 성분뿐만 아니라 대기의 상태에 따라 큰 차이를 보였다.

③ 하지만 두 종류 이상의 금속이 섞인 물질의 불꽃은 색깔이 겹쳐서 분간이 어려웠다.

④ 이 버너는 현재에도 실험실에서 널리 이용되고 있다.

49 신제품의 설문조사를 위하여 A ~ F를 2인 1조로 조직하여 파견을 보내려 한다. 다음 〈조건〉에 따라 조를 조직할 때, 한 조가 될 수 있는 두 사람은?

〈조건〉
- A는 C나 D와 함께 갈 수 없다.
- B는 반드시 D 아니면 F와 함께 가야 한다.
- C는 반드시 E 아니면 F와 함께 가야 한다.
- A가 C와 함께 갈 수 없다면, A는 반드시 F와 함께 가야 한다.

① A, E

② B, D

③ B, F

④ C, D

50 투자정보팀에서는 문제기업을 미리 알아볼 수 있는 이상 징후로 다음과 같이 다섯 개의 조건을 바탕으로 투자 여부를 판단한다. 투자 여부 판단 대상기업은 A ~ E이다. 〈조건〉을 토대로 투자 부적격 기업은 어디인가?

〈투자 여부 판단 조건〉

㉮ 기업문화의 종교화   ㉯ 정책에 대한 지나친 의존

㉰ 인수 합병 의존도의 증가   ㉱ 견제 기능의 부재

㉲ CEO의 법정 출입

이 5개의 징후는 다음과 같은 관계가 성립한다.

〈이상 징후별 인과 및 상관관계〉

1) '기업문화의 종교화(㉮)'와 '인수 합병 의존도의 증가(㉰)'는 동시에 나타난다.
2) '견제 기능의 부재(㉱)'가 나타나면 '정책에 대한 지나친 의존(㉯)'이 나타난다.
3) 'CEO의 법정 출입(㉲)'이 나타나면 '정책에 대한 지나친 의존(㉯)'과 '인수 합병 의존도의 증가(㉰)'가 나타난다.

투자정보팀은 ㉮ ~ ㉲ 중 4개 이상의 이상 징후가 발견될 경우 투자를 하지 않기로 결정한다.

〈조건〉

- ㉮는 A, B, C기업에서만 나타났다.
- ㉯는 D기업에서 나타났고, C와 E기업에서는 나타나지 않았다.
- ㉱는 B기업에서 나타났고, A기업에서는 나타나지 않았다.
- ㉲는 A기업에서 나타나지 않았다.
- 각각의 이상 징후 ㉮ ~ ㉲ 중 모든 기업에서 동시에 나타나는 이상 징후는 없었다.

① A   ② B

③ B, C   ④ D, E

제4회
경기도 공공기관
통합채용

NCS 직업기초능력평가

〈문항 및 시험시간〉

평가영역	문항 수	시험시간	모바일 OMR 답안분석
의사소통능력＋수리능력＋문제해결 능력＋자원관리능력＋조직이해능력	50문항	50분	

제4회 모의고사

| 문항 수 : 50문항 |
| 시험시간 : 50분 |

01 다음 중 보고서 작성 시 유의사항에 대한 설명으로 적절하지 않은 것을 모두 고르면?

> A사원 : 이번 연구는 지금 시점에서 보고하는 것이 좋을 것 같습니다. 간략하게 연구별로 한 장씩 요약하여 작성할까요?
>
> B사원 : ㉠ 성의가 없어 보이니 한 개의 사안을 한 장의 용지에 담는 것은 좋지 않아요.
>
> C사원 : 맞아요. ㉡ 꼭 필요한 내용이 아니어도 관련된 참고자료는 이해가 쉽도록 모두 첨부하도록 하시죠.
>
> D사원 : ㉢ 양이 많으면 단락별 핵심을 하위목차로 요약하는 것이 좋겠네요. 그리고 ㉣ 연구비 금액의 경우 개략적으로만 기재해도 괜찮을 것 같습니다.

① ㉠, ㉡

② ㉠, ㉢

③ ㉠, ㉡, ㉣

④ ㉠, ㉢, ㉣

02 혜영이가 자전거를 타고 300m를 달리는 동안 지훈이는 자전거를 타고 400m를 달린다고 한다. 두 사람이 둘레가 1,800m인 원 모양의 연못 둘레를 같은 지점에서 같은 방향으로 동시에 출발하여 15분 후에 처음으로 만날 때, 혜영이와 지훈이가 이동한 거리의 합은?

① 7,200m

② 8,800m

③ 9,400m

④ 12,600m

03 다음 중 밑줄 친 관용어가 잘못 쓰인 것은?

① <u>눈 가리고 아웅해도</u> 네 잔꾀에는 속아 넘어가지 않는다.

② <u>눈에 쌍심지를 켠</u> 얼굴을 보니 슬픔이 충분히 짐작된다.

③ <u>눈에 헛거미가 잡혀서</u> 누나의 진정한 사랑을 알지 못했다.

④ <u>눈에 흙이 들어가기</u> 전까지는 너를 용서하지 않으리라.

04 남자 2명과 여자 2명이 다음 〈조건〉과 같이 원탁에 앉아 있다. 이를 참고할 때, 옳은 것은?

───〈조건〉───

- 네 사람의 직업은 각각 교사, 변호사, 자영업자, 의사이다.
- 네 사람은 각각 검은색 원피스, 파란색 재킷, 하얀색 니트, 밤색 티셔츠를 입고 있으며, 이 중 검은색 원피스는 여성용, 파란색 재킷은 남성용이다.
- 남자는 남자끼리, 여자는 여자끼리 인접해서 앉아 있다.
- 변호사는 하얀색 니트를 입고 있다.
- 자영업자는 남자이다.
- 의사의 왼쪽 자리에 앉은 사람은 검은색 원피스를 입었다.
- 교사는 밤색 니트를 입은 사람과 원탁을 사이에 두고 마주 보고 있다.

① 교사와 의사는 원탁을 사이에 두고 마주 보고 있다.
② 변호사는 남자이다.
③ 밤색 티셔츠를 입은 사람은 여자이다.
④ 의사는 파란색 재킷을 입고 있다.

05 다음 중 성격이 다른 비용은 무엇인가?

예산관리란 활동이나 사업에 소요되는 비용을 산정하고 예산을 편성하는 것뿐만 아니라 예산을 통제하는 것 또한 포함된다. 이러한 예산은 대부분 한정되어 있기 때문에, 정해진 예산을 얼마나 효율적으로 사용하는지는 매우 중요한 문제이다. 하지만 어떤 활동이나 사업의 비용을 추정하거나 예산을 잡는 작업은 결코 생각하는 것만큼 쉽지 않다. 무엇보다 추정해야 할 매우 많은 유형의 비용이 존재하기 때문이다. 이러한 비용은 크게 제품 생산 또는 서비스를 창출하기 위해 직접 소비되는 비용인 직접비용과 제품 생산 또는 서비스를 창출하기 위해 소비된 비용 중에서 직접비용을 제외한 비용으로, 제품 생산에 직접 관련되지 않은 비용인 간접비용으로 나눌 수 있다.

① 보험료   ② 건물관리비
③ 잡비   ④ 통신비

※ 다음은 시기별로 K사에서 진행하는 데이행사 중 '국산 딸기 특판전' 행사 이후의 피드백 회의록이다. 이어지는 질문에 답하시오. **[6~7]**

회의일시	2024.2.23.	부서	영업팀, 마케팅팀, 홍보팀	작성자	마케팅팀 박○○
참석자	마케팅팀 팀장, 차장 / 영업팀 팀장, 차장 / 홍보팀 팀장, 차장				
회의안건	2월 20일 진행된 '국산 딸기 특판전' 행사 피드백 및 3월 데이행사 개선 방안				
회의내용	[시식회 및 판매전 피드백 및 개정사항] 1. '소비 촉진'을 위한 특판전이었지만, 무료 시식회, 레시피 관련 행사의 참여가 높았음에도 정작 딸기 구매율은 높지 않았음. 시식의 연장을 통해 국산 딸기의 소비 확대로 연결할 필요가 있음 2. '레시피'를 통해 제품을 직접 체험하는 방안은 좋았으나, '레시피'에만 국한된 점이 아쉬웠으며 참여 연령대를 분석・파악하여 연령대별 다양한 체험행사가 필요함 [행사 관련 홍보 피드백] 보도자료 이외의 추가 홍보 자료들이 필요함 → 브로슈어 제작 방안 검토 필요				
결정사항	[홍보팀] K사의 시기별 '데이행사'를 알릴 수 있는 브로슈어 제작 예정(관련 외주 업체 탐색과 동시에 외주 업체 대상 디자인 공모 예정) [마케팅팀] 다양한 체험 행사 시장 조사 및 연령대별 체험 활동 선호도 조사 [영업팀] 제품 소비 촉진 방안 검토(체험 활동과 연계한 소비 촉진 방안 검토) 및 3월 행사에 반영 예정				

06 다음 중 회의록을 이해한 내용으로 옳지 않은 것은?

① 회의의 목적은 전날 진행된 행사 관련 피드백 및 개선 방안 마련이다.

② 회의 참석자는 팀별 2명으로 총 6명이다.

③ 홍보팀에서는 브로슈어 제작을 위해 사내 디자인 공모전을 개최할 예정이다.

④ 영업팀에서는 체험 활동과 연계한 소비 촉진 방안을 검토한 후 3월 행사에 개선 사항을 반영할 예정이다.

07 회의 결과를 바탕으로 할 때, 처리해야 할 업무를 순서대로 바르게 나열한 것은?

> ㉠ 2월 행사 보완 사항 정리 후 보고서 작성
> ㉡ '3월 데이행사' 기획안 작성 및 보고
> ㉢ 브로슈어 외주 업체 탐색 및 디자인 공모
> ㉣ 팀별 개선 방안 및 업무 진행 방향 체크

① ㉠－㉡－㉢－㉣
② ㉠－㉣－㉢－㉡
③ ㉡－㉠－㉢－㉣
④ ㉢－㉠－㉡－㉣

08 다음 〈조건〉을 토대로 〈보기〉에 대한 판단으로 옳은 것은?

─〈조건〉─
- 영업을 잘하면 기획을 못한다.
- 편집을 잘하면 영업을 잘한다.
- 디자인을 잘하면 편집을 잘한다.

─〈보기〉─
A : 디자인을 잘하면 기획을 못한다.
B : 편집을 잘하면 기획을 잘한다.

① A만 옳다.
② B만 옳다.
③ A, B 모두 옳다.
④ A, B 모두 틀리다.

09 다음 글의 내용으로 가장 적절한 것은?

우리 속담에도 '울다가도 웃을 일이다.'라는 말이 있듯이 슬픔의 아름다움과 해학의 아름다움이 함께 존재한다면 이것은 우리네의 곡절 많은 역사 속에서 밴 미덕의 하나라고 할 만하다. 울다가도 웃을 일이라는 말은 물론 어처구니가 없을 때 하는 말이기도 하지만, 애수가 아름다울 수 있고 또 익살이 세련되어 아름다울 수 있다면 그 사회의 서정과 조형미에 나타나는 표현에도 의당 이러한 것이 반영되어 있어야 한다.

이러한 고요의 아름다움과 슬픔의 아름다움이 조형 작품 위에 옮겨질 수 있다면 이것은 바로 예술에서 말하는 적조미의 세계이며, 익살의 아름다움이 조형 위에 구현된다면 물론 이것은 해학미의 세계일 것이다.

① 익살은 우리 민족만이 지닌 특성이다.

② 익살은 풍속화에서 가장 잘 표현된다.

③ 익살이 조형 위에 구현된다면 적조미이다.

④ 익살은 우리 민족의 삶의 정서를 반영한다.

10 SWOT 분석에 대한 다음 글을 참고하여 추론한 내용으로 가장 적절한 것은?

SWOT 분석에서 강점(S)은 경쟁기업과 비교하여 소비자로부터 강점으로 인식되는 것이 무엇인지, 약점(W)은 경쟁기업과 비교하여 소비자로부터 약점으로 인식되는 것이 무엇인지, 기회(O)는 외부환경에서 유리한 기회요인은 무엇인지, 위협(T)은 외부환경에서 불리한 위협요인은 무엇인지를 찾아내는 것이다. SWOT 분석의 가장 큰 장점은 기업의 내부 및 외부 환경의 변화를 동시에 파악할 수 있다는 것이다.

① 제품의 우수한 품질은 SWOT 분석의 기회 요인으로 볼 수 있다.

② 초고령화 사회는 실버산업에 있어 기회 요인으로 볼 수 있다.

③ 기업의 비효율적인 업무 프로세스는 SWOT 분석의 위협 요인으로 볼 수 있다.

④ 살균제 달걀 논란은 빵집에 있어 약점 요인으로 볼 수 있다.

11 다음 자료를 바탕으로 판단할 때, 오늘 아침에 은희가 주문할 커피는?

<표>

〈커피의 종류〉

에스프레소		카페 아메리카노	
	• 에스프레소		• 에스프레소 • 따뜻한 물
카페 라떼		**카푸치노**	
	• 에스프레소 • 데운 우유		• 에스프레소 • 데운 우유 • 우유거품
카페 비엔나		**카페 모카**	
	• 에스프레소 • 따뜻한 물 • 휘핑크림		• 에스프레소 • 초코시럽 • 데운 우유 • 휘핑크림

〈은희의 취향〉

• 배가 고플 때에는 데운 우유가 들어간 커피를 마신다.
• 다른 음식과 함께 커피를 마실 때에는 데운 우유를 넣지 않는다.
• 스트레스를 받으면 휘핑크림이나 우유거품을 추가한다.
• 피곤하면 휘핑크림이 들어간 경우에 한하여 초코시럽을 추가한다.

〈오늘 아침의 상황〉

출근을 하기 위해 지하철을 탄 은희는 꽉 들어찬 사람들 사이에서 스트레스를 받으며 내리기만을 기다리고 있었다. 목적지에 도착한 은희는 커피를 마시며 기분을 달래기 위해 커피전문점에 들렀다. 아침식사를 하지 못해 배가 고프고 고된 출근길에 피곤하지만, 시간 여유가 없어 오늘 아침은 커피만 마실 생각이다. 그런데 은희는 요즘 체중관리를 위해 휘핑크림은 넣지 않기로 하였다.

① 카페 라떼
② 카페 아메리카노
③ 카푸치노
④ 카페 모카

12 K사원은 인사평가에서 A ~ D 네 가지 항목의 점수를 받았다. 이 점수를 각각 1 : 1 : 1 : 1의 비율로 평균을 구하면 82.5점이고, 2 : 3 : 2 : 3의 비율로 평균을 구하면 83점, 2 : 2 : 3 : 3의 비율로 평균을 구하면 83.5점이다. 각 항목의 만점은 100점이라고 할 때, K사원이 받을 수 있는 최고점과 최저점의 차는 얼마인가?

① 45점

② 40점

③ 30점

④ 25점

13 다음은 연도별 투약일당 약품비에 대한 자료이다. 2022년의 총투약일수가 120일, 2023년의 총투약일수가 150일인 경우, 2023년의 상급종합병원의 총약품비와 2022년의 종합병원의 총약품비의 합은?

<표>

⟨투약일당 약품비⟩

(단위 : 원)

구분	전체	상급종합병원	종합병원	병원	의원
2019년	1,753	2,704	2,211	1,828	1,405
2020년	1,667	2,551	2,084	1,704	1,336
2021년	1,664	2,482	2,048	1,720	1,352
2022년	1,662	2,547	2,025	1,693	1,345
2023년	1,709	2,686	2,074	1,704	1,362

※ 투약 1일당 평균적으로 소요되는 약품비를 나타내는 지표
※ (투약일당 약품비)＝(총약품비)÷(총투약일수)

① 630,900원

② 635,900원

③ 640,900원

④ 645,900원

14 K는 게임 동호회 회장으로 주말에 진행되는 게임 행사에 동호회 회원인 A ~ E의 참여 가능 여부를 조사하려고 한다. 다음 〈조건〉을 참고하여 E가 행사에 참여하지 않는다고 할 때, 행사에 참여 가능한 사람은 모두 몇 명인가?

〈조건〉

- A가 행사에 참여하지 않으면, B가 행사에 참여한다.
- A가 행사에 참여하면, C는 행사에 참여하지 않는다.
- B가 행사에 참여하면, D는 행사에 참여하지 않는다.
- D가 행사에 참여하지 않으면, E가 행사에 참여한다.
---

① 1명
③ 3명
② 2명
④ 4명

15 직원들의 사기 증진과 친화력 도모를 위해 전 직원이 참여하는 사내 가족 체육대회를 열기로 하였다. 7월 달력과 〈조건〉을 토대로 체육대회를 열기에 가장 적절한 날은?

〈7월 달력〉

월	화	수	목	금	토	일
	1	2	3	4	5	6
7	8	9	10	11	12	13
14	15	16	17	18	19	20
21	22	23	24	25	26	27
28	29	30	31			

〈조건〉

- 7월 3일부터 7일까지는 장마기간으로 비가 온다.
- 가족 모두가 참여해야 하므로 주말(토, 일요일) 중 하루로 정한다.
- 마케팅팀은 토요일에 격주로 출근을 한다.
- 서비스팀은 토요일에 격주로 출근을 한다.
- 사장님은 7월 11일부터 15일까지 중국으로 출장을 간다.
- 마케팅팀 M사원은 12일에 출근을 했다.
- 서비스팀 L과장은 5일에 출근을 했다.
- K운동장은 둘째, 넷째 주말에는 개방하지 않는다.
---

① 7월 6일
③ 7월 13일
② 7월 12일
④ 7월 20일

16 다음 글에 대한 이해로 적절한 것을 〈보기〉에서 모두 고르면?

기존 암 치료법은 암세포의 증식을 막는 데 초점이 맞춰져 있으나, 컴퓨터 설명 모형이 새로 나와 이와는 다른 암 치료법이 개발될 수 있다는 가능성이 제시되었다. K교수의 연구에 따르면, 종전의 공간 모형은 종양의 3차원 공간 구조를 잘 설명하지만 암세포들 간 유전 변이를 잘 설명하지는 못한다. 또 다른 종전 모형인 비공간 모형은 암세포들 간 유전 변이를 잘 설명해 종양의 진화 과정은 정교하게 그려냈지만, 종양의 3차원 공간 구조는 잡아내지 못했다. 그러나 종양의 성장과 진화를 이해하려면 종양의 3차원 공간 구조뿐만 아니라 유전 변이를 잘 설명할 수 있어야 한다.

새로 개발된 컴퓨터 설명 모형은 왜 모든 암세포들이 그토록 많은 유전 변이들을 갖고 있으며, 그 가운데 약제 내성을 갖는 '주동자 변이'가 어떻게 전체 종양에 퍼지게 되는지를 잘 설명해준다. 이 설명의 열쇠는 암세포들이 이곳저곳으로 옮겨 다닐 수 있는 능력을 갖고 있다는 데 있다. K교수는 "사실상 환자를 죽게 만드는 암의 전이는 암세포의 자체 이동 능력 때문"이라고 말한다. 종전의 공간 모형에 따르면 암세포는 빈 곳이 있을 때만 분열할 수 있고 다른 세포를 올라타고서만 다른 곳으로 옮겨갈 수 있다. 그래서 암세포가 분열할 수 있는 곳은 제한되어 있다. 하지만 새 모형에 따르면 암세포가 다른 세포의 도움 없이 빈 곳으로 이동할 수 있다. 이런 식으로 암세포는 여러 곳으로 이동하여 그곳에서 증식함으로써 새로운 유전 변이를 얻게 된다. 바로 이 때문에 종양은 종전 모형의 예상보다 더 빨리 자랄 수 있고 이상할 정도로 많은 유전 변이들을 가질 수 있다.

─────〈보기〉─────

ㄱ. 컴퓨터 설명 모형은 종전의 공간 모형보다 암세포의 유전 변이를 더 잘 설명한다.
ㄴ. 종전의 공간 모형은 컴퓨터 설명 모형보다 암세포의 3차원 공간 구조를 더 잘 설명한다.
ㄷ. 종전의 공간 모형과 비공간 모형은 암세포의 자체 이동 능력을 인정하지만 이를 설명할 수 없다.

① ㄱ
② ㄴ
③ ㄱ, ㄷ
④ ㄴ, ㄷ

17 다음과 같이 일정한 규칙으로 수를 나열할 때, 빈칸에 들어갈 수는?

$$5 \quad 6 \quad 13 \quad \frac{3}{2} \quad \frac{3}{2} \quad 3 \quad 12 \quad (\quad) \quad -1$$

① $\dfrac{10}{3}$

② $\dfrac{11}{3}$

③ $\dfrac{13}{3}$

④ 3

18 다음은 사내전화 평균 통화시간을 조사한 자료이다. 평균 통화시간이 6 ~ 9분인 여자의 수는 12분 이상인 남자의 수의 몇 배인가?

평균 통화시간	남자	여자
3분 이하	33%	26%
3 ~ 6분	25%	21%
6 ~ 9분	18%	18%
9 ~ 12분	14%	16%
12분 이상	10%	19%
대상 인원수	600명	400명

① 1.1배

② 1.2배

③ 1.3배

④ 1.4배

※ 다음은 K기관에서 공지한 교육 홍보물의 내용 중 일부를 발췌한 자료이다. A사원의 업무를 유추한 뒤 이어지는 질문에 답하시오. [19~21]

▶ 신청 자격 : 중소기업 재직자, 중소기업 관련 협회·단체 재직자
  − 성공적인 기술 연구개발을 통해 기술 경쟁력을 강화하고자 하는 중소기업
  − 정부의 중소기업 지원 정책을 파악하고 국가 연구개발 사업에 신청하고자 하는 중소기업

▶ 교육비용 : 100% 무료교육(교재 및 중식 제공)

▶ 교육일자 : 모든 교육과정은 2일 16시간 과정, 선착순 60명 마감

과정명	교육내용	교육일자	교육장소	접수마감
정규(일반)	연구개발의 성공을 보장하는 R&D 기획서 작성	5.16(목) ~ 17(금)	B대학교	5.15(수)
정규(종합)	R&D 기획서 작성 및 사업화 연계	5.25(토) ~ 26(일)	K센터	5.20(월)

※ 선착순 모집으로 접수마감일 전 정원 초과 시 조기 마감될 수 있습니다.
※ 본 교육과 관련하여 보다 자세한 정보를 원하시면 A사원(123-4567)에게 문의하여 주시기 바랍니다.

19 다음 중 A사원이 속해 있을 부서에서 수행하고 있을 업무로 적절하지 않은 것은?

① 중소기업 R&D 지원 사업 기획 및 평가·관리
② R&D 교육 관련 전문 강사진 관리
③ R&D 관련 장비 활용 지원 사업 기획 및 평가·관리
④ 연구개발 기획 역량 개발 지원 사업 기획·평가·관리

20 교육 홍보물에 공지한 교육과 관련된 고객의 질문에 대해 A사원이 대답하기 가장 어려운 질문은?

① 교육 과정을 신청할 때 한 기업에서 참여할 수 있는 인원 수 제한이 있습니까?
② 접수 마감일인 15일 현재 신청이 마감되었습니까? 혹시 추가 접수도 가능합니까?
③ 본 교육의 내용을 바탕으로 기획서를 작성한다면 저희 기업도 개발 지원이 가능합니까?
④ 이 전 차수에서 동일한 교육 과정을 이수했을 경우 이번 교육은 참여가 불가능합니까?

21 A사원은 상사로부터 위와 같은 교육 사업을 발전시키기 위해 세울 수 있는 목표와 그에 해당하는 과제를 발표하라는 과업을 받았다. 다음 중 교육 사업과 직접적인 관련성이 가장 낮은 발언은?

① 중소기업의 지속적인 발전을 위한 성장 동력 강화를 목표로 잡고, 혁신과 성장을 도울 수 있는 우리 조직의 역량을 강화해야 합니다. 또한 사회적 책임을 항상 생각하고 고객에게는 신뢰를 주는 조직이 될 수 있도록 소통과 협업을 통해 창조적인 조직문화를 구축해야 합니다.

② 중소기업의 혁신 수준별 기술경쟁력을 강화하자는 목표를 바탕으로 R&D를 기획하고 개발하는 역량을 강화할 수 있도록 돕고, 지속적으로 성과를 창출할 수 있는 능력을 향상시켜 주어야 합니다. 또한 국내뿐만이 아닌 국외로도 진출할 수 있는 글로벌 기술혁신 역량을 제고할 수 있도록 지원해야 합니다.

③ 중소기업의 기술사업화 성과를 높이자는 목표를 바탕으로 중소기업들이 보유하고 있는 창의적 아이디어를 꾸준히 발굴해야 합니다. 또한 시장지향적인 R&D 지원 확대를 통해 중소기업이 자체적인 R&D에서 끝나지 않고 사업화에 연계할 수 있도록 하여 중소기업의 직접적인 성장을 도와야 합니다.

④ 중소기업의 기술 혁신을 위한 교육 지원 체계를 혁신화하기 위해 중소기업 R&D와 관련 있는 정책연구를 강화하고, 중소기업을 위한 맞춤형 평가체계도 구축해야 할 것입니다. 또한 기술 혁신을 필요로 하는 대상을 중심으로 하는 기술 혁신 지원 서비스의 강화도 필요할 것입니다.

22 다음 문단을 논리적 순서대로 바르게 나열한 것은?

> (가) 친환경 농업은 최소한의 농약과 화학비료만을 사용하거나 전혀 사용하지 않은 농산물을 일컫는다. 친환경 농산물이 각광받는 이유는 우리가 먹고 마시는 것들이 우리네 건강과 직결되기 때문이다.
>
> (나) 사실상 병충해를 막고 수확량을 늘리는 데 있어 농약은 전 세계에 걸쳐 관행적으로 사용됐다. 깨끗이 씻어도 쌀에 남아있는 잔류농약을 완전히 제거하기는 어렵다. 잔류농약은 아토피와 각종 알레르기를 유발한다. 또한 출산율을 저하하고 유전자 변이의 원인이 되기도 한다. 특히 제초제 성분이 체내에 들어올 경우, 면역체계에 치명적인 손상을 일으킨다.
>
> (다) 미국 환경보호청은 제초제 성분의 60%를 발암물질로 규정했다. 결국 더 많은 농산물을 재배하기 위한 농약과 제초제 사용이 오히려 인체에 치명적인 피해를 줄지 모를 '잠재적 위험요인'으로 자리매김한 셈이다.

① (가) – (나) – (다)
② (가) – (다) – (나)
③ (나) – (다) – (가)
④ (다) – (가) – (나)

23 K회사 총무부에 근무하고 있는 C사원은 업무에 필요한 프린터를 구매할 예정이다. 프린터 성능별 가중치를 고려하여 점수가 가장 높은 프린터를 구매한다고 할 때, 다음 중 C사원이 구매할 프린터는?

〈제품별 프린터 성능〉

구분	출력 가능 용지 장수	출력 속도	인쇄 해상도
A프린터	5,500장	10ppm	500dpi
B프린터	7,300장	7ppm	900dpi
C프린터	4,700장	15ppm	600dpi
D프린터	10,000장	11ppm	400dpi

〈프린터 성능 점수표〉

출력 가능 용지 장수	출력 속도	인쇄 해상도	점수
4,000장 미만	10ppm 미만	500dpi 미만	60점
4,000장 이상 5,000장 미만	10ppm 이상 13ppm 미만	500dpi 이상 700dpi 미만	70점
5,000장 이상 6,000장 미만	13ppm 이상 15ppm 미만	700dpi 이상 900dpi 미만	80점
6,000장 이상 7,000장 미만	15ppm 이상 18ppm 미만	900dpi 이상 1,200dpi 미만	90점
7,000장 이상	18ppm 이상	1,200dpi 이상	100점

〈프린터 성능 가중치〉

출력 가능 용지 장수	출력 속도	인쇄 해상도
50%	30%	20%

① A프린터　　　　　　　　　　　　② B프린터
③ C프린터　　　　　　　　　　　　④ D프린터

24 K회사에서 제품 1개를 생산할 때 필요로 하는 부품의 개수와 각 부품 생산에 소요되는 시간은 다음과 같다. 모든 부품이 동시에 생산을 시작한다고 할 때, 제품 500개 생산을 위한 부품을 마련하기 위해서는 며칠이 걸리겠는가?(단, 하루 8시간씩 매일 각 부품생산이 이루어진다)

〈제품 1개당 부품 필요 개수와 부품 1개당 생산 소요시간〉

구분	필요 개수	부품 1개당 생산 소요시간
A부품	2개	1시간
B부품	1개	3시간
C부품	2개	2시간

① 150일

② 200일

③ 250일

④ 300일

25 다음 자료를 참고할 때, 〈보기〉에 제시된 주민등록번호의 빈칸 ㉠에 해당하는 숫자로 옳은 것은?

우리나라에서 국민에게 발급하는 주민등록번호는 각각의 번호가 고유한 번호로, 13자리 숫자로 구성된다. 13자리 숫자는 생년, 월, 일, 성별, 출생신고지역, 접수번호, 검증번호로 구분된다.

여기서 13번째 숫자인 검증번호는 주민등록번호의 정확성 여부를 검사하는 번호로, 앞의 12자리 숫자를 이용해서 구하는데 계산법은 다음과 같다.

- 1단계 : 주민등록번호의 앞 12자리 숫자에 가중치 2, 3, 4, 5, 6, 7, 8, 9, 2, 3, 4, 5를 곱한다.
- 2단계 : 가중치를 곱한 값의 합을 계산한다.
- 3단계 : 가중치의 합을 11로 나눈 나머지를 구한다.
- 4단계 : 11에서 나머지를 뺀 수를 10으로 나눈 나머지가 검증번호가 된다.

───〈보기〉───

240202-803701 ㉠

① 4

② 5

③ 6

④ 7

26 다음 중 국제매너에 대한 설명으로 옳지 않은 것은?

① 미국에서 택시 탑승 시에는 가급적 운전자 옆자리에 앉지 않는다.

② 라틴아메리카 사람들은 약속시간보다 조금 늦게 도착하는 것이 예의라고 생각한다.

③ 인도에서도 악수가 보편화되어 남녀 상관없이 악수를 청할 수 있다.

④ 아프리카에서 상대방의 눈을 바라보며 대화하는 것은 예의에 어긋난다.

27 K회사의 X사원은 회의가 길어져 편의점에서 간식을 사오려고 한다. 회의에 참석한 11명 모두에게 햄버거와 음료수 하나씩을 주려고 할 때, 어떻게 구매하는 것이 총 금액을 최소화할 수 있는가?(단, 모든 사람이 같은 메뉴를 먹을 필요는 없다)

구분	종류	가격	특징
햄버거	치킨버거	2,300원	2개 구매 시 그중 1개는 30% 할인
	불고기버거	2,300원	3개 구매 시 물 1병 증정
	치즈버거	2,000원	–
음료수	보리차	1,100원	2병 구매 시 추가로 1병 무료 증정
	물	800원	–
	오렌지주스	1,300원	4병 구매 시 추가로 2병 무료 증정
	포도주스	1,400원	치즈버거 개수만큼 포도주스 병당 40% 할인

① 치킨버거 10개, 치즈버거 1개, 보리차 9병, 물 2병

② 치킨버거 8개, 불고기버거 3개, 보리차 6병, 오렌지주스 4병, 물 1병

③ 불고기버거 9개, 치즈버거 2개, 보리차 6병, 물 3병, 포도주스 2병

④ 불고기버거 6개, 치즈버거 5개, 보리차 3병, 물 3병, 포도주스 5병

28 다음은 비만도 측정에 대한 자료와 3명의 학생의 신체조건이다. 3명의 학생의 비만도 측정에 대한 설명으로 옳지 않은 것은?(단, 소수점 첫째 자리에서 버림한다)

〈비만도 측정법〉

- (표준체중)=[(신장)−100]×0.9

- (비만도)=$\dfrac{(현재\ 체중)}{(표준\ 체중)}$×100

〈비만도 구분〉

구분	조건
저체중	90% 미만
정상체중	90% 이상 110% 이하
과체중	110% 초과 120% 이하
경도비만	120% 초과 130% 이하
중등도비만	130% 초과 150% 이하
고도비만	150% 이상 180% 이하
초고도비만	180% 초과

〈신체조건〉

- 혜지 : 키 158cm, 몸무게 58kg
- 기원 : 키 182cm, 몸무게 71kg
- 용준 : 키 175cm, 몸무게 96kg

---

① 혜지의 표준 체중은 52.2kg이며, 기원이의 표준 체중은 73.8kg이다.

② 기원이가 과체중이 되기 위해서는 10kg 이상 체중이 증가하여야 한다.

③ 3명의 학생 중 정상체중인 학생은 기원이뿐이다.

④ 용준이가 약 22kg 이상 체중을 감량했을 시 정상체중 범주에 포함된다.

29 빨간색, 파란색, 노란색, 초록색의 화분이 있다. 이 화분에 빨강, 파랑, 노랑, 초록 꽃씨를 〈조건〉에 따라 심으려고 한다. 같은 색깔로는 심지 못한다고 할 때, 다음 중 옳지 않은 것은?

---〈조건〉---
- 빨강 꽃씨를 노란 화분에 심을 수 없으며, 노랑 꽃씨를 빨간 화분에 심지 못한다.
- 파랑 꽃씨를 초록 화분에 심을 수 없으며, 초록 꽃씨를 파란 화분에 심지 못한다.

① 빨간 화분에 파랑 꽃씨를 심었다면, 노란 화분에는 초록 꽃씨를 심을 수 있다.
② 파란 화분에 빨강 꽃씨를 심었다면, 초록 화분에는 노랑 꽃씨를 심을 수 있다.
③ 초록 화분과 노란 화분에 심을 수 있는 꽃씨의 종류는 같다.
④ 빨간 화분과 노란 화분에 심을 수 있는 꽃씨의 종류는 같다.

30 다음 중 빈칸 ㉠과 ㉡에 들어갈 내용을 바르게 나열한 것은?

애덤 스미스의 '보이지 않는 손'이라는 가정은 시장에서 개인의 이익추구 활동을 제한하지 않는 것이 전체 이윤을 극대화하는 최선의 방책임을 보여주는 것으로 간주되었다. 그렇다면 다음의 경우는 어떠한가?
공동 소유의 목초지에 양을 치기에 알맞은 풀이 자라고 있다고 생각해 보자. 일정 넓이의 목초지에 방목할 수 있는 가축 두수에는 일정한 한계가 있기 마련이다. 즉, '수용 한계'가 존재하는 것이다. 그 목초지에 한 마리를 더 방목시킨다고 해서 다른 가축들이 갑자기 죽거나 병에 걸리는 것은 아니다. 하지만 목초지의 수용 한계를 넘어 양을 키울 경우, 목초가 줄어들어 그 목초지에서 양을 키워 얻을 수 있는 전체 생산량이 줄어든다. 나아가 수용 한계를 과도하게 초과할 정도로 사육 두수가 늘어날 경우 목초지 자체가 거의 황폐해진다.
예를 들어 수용 한계가 양 20마리인 공동 목초지에서 4명의 농부가 각각 5마리의 양을 키우고 있다고 해 보자. 그 목초지의 수용 한계에 이미 도달한 상태이지만, 그중 한 농부가 자신의 이익을 늘리고자 방목하는 양의 두수를 늘리려 한다. 그러면 5마리를 키우고 있는 농부들은 목초지의 수용 한계로 인하여 기존보다 이익이 줄어들지만, 두수를 늘린 농부의 경우 그의 이익이 기존보다 조금 늘어난다. 손실을 만회하기 위해 다른 농부들도 사육 두수를 늘리고자 할 것이다. 이러한 상황이 장기화될 경우, _____㉠_____ 이처럼 애덤 스미스의 '보이지 않는 손'에 시장을 맡겨 둘 경우 _____㉡_____ 결과가 나타날 것이다.

① ㉠ : 농부들의 총이익은 기존보다 증가할 것이다.
　㉡ : 한 사회의 공공 영역이 확장되는
② ㉠ : 농부들의 총이익은 기존보다 감소할 것이다.
　㉡ : 한 사회의 전체 이윤이 감소하는
③ ㉠ : 농부들의 총이익은 기존보다 감소할 것이다.
　㉡ : 한 사회의 전체 이윤이 유지되는
④ ㉠ : 농부들의 총이익은 기존과 같게 될 것이다.
　㉡ : 한 사회의 전체 이윤이 유지되는

31 다음은 시·군지역의 성별 비경제활동 인구에 대해 조사한 자료이다. (가), (다)에 들어갈 수를 바르게 나열한 것은?(단, 인구수는 백의 자리에서 반올림하고, 비중은 소수점 둘째 자리에서 반올림한다)

〈성별 비경제활동 인구〉

(단위 : 천 명, %)

구분	총계	남자	비중	여자	비중
시지역	7,800	2,574	(가)	5,226	(나)
군지역	1,149	(다)	33.5	(라)	66.5

	(가)	(다)		(가)	(다)
①	30	385	②	30	392
③	33	378	④	33	385

32 다음 글의 빈칸에 들어갈 내용으로 가장 적절한 것은?

멋이라는 것도 일상생활의 단조로움이나 생활의 압박에서 해방되려는 노력의 하나일 것이다. 끊임없이 일상의 복장, 그 복장이 주는 압박감에서 벗어나기 위해 옷을 잘 차려입는 사람은 그래도 멋쟁이다. 또는 삶을 공리적 계산으로서가 아니라 즐김의 대상으로 볼 수 있게 해 주는 활동, 가령 서도(書道)라든가 다도(茶道)라든가 꽃꽂이라든가 하는 일을 과외로 즐길 줄 아는 사람을 우리는 생활의 멋을 아는 사람이라고 말한다. 그러나 그렇다고 해서 값비싸고 화려한 복장, 어떠한 종류의 스타일과 수련을 전제하는 활동만이 멋을 나타내는 것이 아니다. 때에 따라서는 털털한 옷차림, 아무런 세련도 거죽에 내세울 것이 없는 툭툭한 생활 태도가 멋있게 생각될 수도 있다. 기준적인 것에 변화를 더하는 것이 중요한 것이다. 그러나 기준으로부터 편차가 너무 커서는 안 된다. 혐오감을 불러일으킬 정도의 몸가짐, 몸짓 또는 생활 태도는 멋이 있는 것으로 생각되지 않는다. 편차는 어디까지나 기준에 의해서만 존재하는 것이다.

따라서 _____

① 멋은 어떤 의도가 결부되지 않았을 때 자연스럽게 창조되는 것이다.
② 멋은 다른 사람의 관점을 존중하며 사회적 관습에 맞게 창조해야 한다.
③ 멋은 일상적인 것을 뛰어넘는 비범성을 가장 본질적인 특징으로 삼는 것이다
④ 멋은 나와 남의 눈이 부딪치는 사회적 공간에서 형성되는 것이라고 할 수 있다.

※ K회사 직원인 정민, 혜정, 진선, 기영, 보람, 민영, 선호 일곱 사람은 오후 2시에 시작할 회의에 참석하기 위해 대중교통을 이용하여 거래처 내 회의장에 가고자 한다. 다음 〈조건〉을 참고하여 이어지는 질문에 답하시오. **[33~34]**

〈조건〉
- 이용가능한 대중교통은 버스, 지하철, 택시만 있다.
- 이용가능한 모든 대중교통의 K회사에서부터 거래처까지의 노선은 A, B, C, D지점을 거치는 직선 노선이다.
- K회사에서 대중교통을 기다리는 시간은 고려하지 않는다.
- 택시의 기본요금은 2,000원이다.
- 택시는 2km마다 100원씩 추가요금이 발생하며, 2km를 1분에 간다.
- 버스는 2km를 3분에 가고, 지하철은 2km를 2분에 간다.
- 버스와 지하철은 K회사, A, B, C, D 각 지점, 그리고 거래처에 있는 버스정류장 및 지하철역을 경유한다.
- 버스 요금은 500원, 지하철 요금은 700원이며 추가요금은 없다.
- 버스와 지하철 간에는 무료 환승이 가능하다.
- 환승할 경우 소요시간은 2분이다.
- 환승할 때 느끼는 번거로움 등을 비용으로 환산하면 1분당 400원이다.
- 거래처에 도착하여 회의장까지 가는 데는 2분이 소요된다.
- 회의가 시작되기 전에 먼저 회의장에 도착하여 대기하는 동안의 긴장감 등을 비용으로 환산하면 1분당 200원이다.
- 회의에 지각할 경우 회사로부터 당하는 불이익 등을 비용으로 환산하면 1분당 10,000원이다.

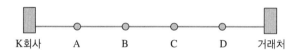

K회사 A B C D 거래처

※ 각 구간의 거리는 모두 2km이다.

33 거래처에 도착한 이후의 비용을 고려하지 않을 때, K회사에서부터 거래처까지 최단시간으로 가는 방법과 최소비용으로 가는 방법 간의 비용 차는 얼마인가?

① 1,900원
② 2,000원
③ 2,100원
④ 2,200원

34 정민이는 K회사에서부터 B지점까지 버스를 탄 후, 택시로 환승하여 거래처의 회의장에 도착하고자 한다. 어느 시각에 출발하는 것이 비용을 최소화할 수 있는가?

① 오후 1시 42분
② 오후 1시 45분
③ 오후 1시 47분
④ 오후 1시 50분

35 다음은 기술개발 투자 현황 자료이다. 이를 근거로 일본의 GDP 총액을 산출하면 얼마인가?(단, 소수점 첫째 자리에서 버림한다)

〈기술개발 투자 및 성과〉

(단위 : 억 달러)

구분	한국	미국	일본
R&D 투자 총액	313	3,688	1,508
매율	1.0	11.78	4.82
GDP 대비(%)	3.37	2.68	3.44
기술수출액 / 기술도입액	0.45	1.70	3.71

※ GDP 대비 : GDP 총액 대비 R&D 투자 총액의 비율이다.

① 26,906억 달러
② 37,208억 달러
③ 31,047억 달러
④ 43,837억 달러

36 통계지원팀은 통계청에서 주관하는 포럼에 참석할 직원을 선정 중이다. 다음 〈조건〉이 모두 참이고 이에 따라 통계지원팀 직원들이 포럼에 참여한다고 할 때, 항상 참인 것은?

〈조건〉
- 통계지원팀은 A팀장, B대리, C주임, D주임, E사원으로 구성되어 있다.
- A팀장은 반드시 포럼에 참석한다.
- B대리가 참석하지 않으면, D주임도 참석하지 않는다.
- C주임이 참석하지 않으면, E사원은 참석한다.
- C주임과 D주임 중 적어도 한 명은 포럼에 반드시 참석한다.
- D주임이 참석하지 않으면, A팀장은 참석하지 않는다.

① B대리는 참석하지 않는다.
② B대리와 C주임이 참석한다.
③ 적어도 4명의 직원이 참석한다.
④ C주임과 D주임은 함께 포럼에 참석한다.

※ 다음은 K회사의 회의록이다. 이어지는 질문에 답하시오. [37~38]

<표>

〈회의록〉

회의일시	2023년 7월 12일	부서	생산팀, 연구팀, 마케팅팀	작성자	이○○
참석자	생산팀 팀장·차장, 연구팀 팀장·차장, 마케팅팀 팀장·차장				
회의안건	제품에서 악취가 난다는 고객 불만에 따른 원인 조사 및 대책방안				
회의내용	주문폭주로 인한 물량증가로 잉크가 덜 마른 포장상자를 사용해 냄새가 제품에 스며든 것으로 추측				
결정사항	[생산팀] 내부 비닐 포장, 외부 종이상자 포장이었던 기존방식에서 내부 2중 비닐포장, 외부 종이상자 포장으로 교체 [마케팅팀] 1. 주문 물량이 급격히 증가했던 일주일 동안 생산된 제품 전격 회수 2. 제품을 공급한 매장에 사과문 발송 및 100% 환불·보상 공지 [연구팀] 포장재질 및 인쇄된 잉크의 유해성분 조사				

37 다음 중 회의록을 보고 알 수 있는 내용으로 가장 적절한 것은?

① 이 조직은 6명으로 이루어져 있다.

② 회의 참석자는 총 3명이다.

③ 연구팀에서 제품을 전격 회수해 포장재질 및 인쇄된 잉크의 유해성분을 조사하기로 하였다.

④ 주문량이 많아 잉크가 덜 마른 포장상자를 사용한 것이 문제 발생의 원인으로 추측된다.

38 다음 중 회의 후 가장 먼저 해야 할 일은 무엇인가?

① 해당 브랜드의 전 제품 회수

② 포장재질 및 인쇄된 잉크 유해성분 조사

③ 새로 도입하는 포장방식 홍보

④ 주문 물량이 급격히 증가한 일주일 동안 생산된 제품 파악

39 다음은 주요 곡물별 수급 현황에 대한 자료이다. 이를 판단한 내용으로 옳지 않은 것은?

〈주요 곡물별 수급 현황〉

(단위 : 백만 톤)

구분		2021년	2022년	2023년
소맥	생산량	697	656	711
	소비량	697	679	703
옥수수	생산량	886	863	964
	소비량	883	860	937
대두	생산량	239	268	285
	소비량	257	258	271

① 2021년부터 2023년까지 대두의 생산량과 소비량은 지속해서 증가했다.
② 전체적으로 2023년에 생산과 소비가 가장 활발했다.
③ 2022년 옥수수 소비량은 다른 곡물에 비해 전년 대비 소비량의 변화가 작았다.
④ 2021년 전체 곡물 생산량과 2023년 전체 곡물 생산량의 차는 138백만 톤이다.

40 갑과 을이 다음 〈조건〉에 따라 게임을 할 때, 옳지 않은 것은?

─────〈조건〉─────
• 갑과 을은 다음과 같이 시각을 표시하는 하나의 시계를 가지고 게임을 한다.

0	9	:	1	5

• 갑, 을 각자가 일어났을 때, 시계에 표시된 4개의 숫자를 합산하여 게임의 승패를 결정한다. 숫자의 합이 더 작은 사람이 이기고, 숫자의 합이 같을 때는 비긴다.
• 갑은 오전 6:00 ~ 6:59에 일어나고, 을은 오전 7:00 ~ 7:59에 일어난다.

① 갑이 오전 6시 정각에 일어나면, 반드시 갑이 이긴다.
② 을이 오전 7시 59분에 일어나면, 반드시 을이 진다.
③ 을이 오전 7시 30분에 일어나고 갑이 오전 6시 30분 전에 일어나면, 반드시 갑이 이긴다.
④ 갑과 을이 정확히 1시간 간격으로 일어나면, 반드시 갑이 이긴다.

41 K회사에서 기계설비를 담당하는 귀하는 8월 주말근무표 초안을 작성하였는데, 이를 토대로 대체근무자를 미리 반영하려고 한다. 다음 중 귀하가 배정한 인원으로 적절하지 않은 것은?

- 주말근무 규정
  ① 1 ~ 3팀은 순차적으로 주말근무를 실시한다.
  ② 주말근무 후에는 차주 월요일(토요일 근무자) 및 화요일(일요일 근무자)을 휴무일로 한다.
  ③ 주말 이틀 연속 근무는 금한다.
  ④ 주말근무 예정자가 개인 사정으로 인하여 근무가 어렵다면, 해당 주 휴무이거나 근무가 없는 팀의 일원 1명과 대체한다.

- 8월 주말 근무표

구분	1주 차		2주 차		3주 차		4주 차	
	6일(토)	7일(일)	13일(토)	14일(일)	20일(토)	21일(일)	27일(토)	28일(일)
근무자	1팀	2팀	3팀	1팀	2팀	3팀	1팀	2팀

- 기계설비팀 명단
  1팀 : 강단해(팀장), 마징가, 차도선, 이방원, 황이성, 강의찬
  2팀 : 사차원(팀장), 박정훈, 이도균, 김선우, 정선동, 박아천
  3팀 : 마강수(팀장), 이정래, 하선오, 이광수, 김동수, 김대호

	휴무예정일자	휴무예정자	사유	대체근무자	대체근무일
①	8/6(토)	차도선	가족여행	하선오	8/13(토)
②	8/13(토)	이정래	지인 결혼식	박정훈	8/28(일)
③	8/20(토)	이도균	건강검진	이방원	8/14(일)
④	8/21(일)	이광수	가족여행	강의찬	8/27(토)

42 K대리는 등산에 필요한 준비물을 챙기던 중 미세먼지에 대비하기 위해 마스크를 고르는 법을 찾아보았다. 다음 글의 내용으로 적절하지 않은 것은?

〈보건용 마스크 고르는 법〉

의약외품으로 허가된 '보건용 마스크' 포장에는 입자차단 성능을 나타내는 'KF80', 'KF94', 'KF99'가 표시되어 있는데, 'KF' 문자 뒤에 붙은 숫자가 클수록 미세입자 차단 효과가 더 크다. 다만, 숨쉬기가 어렵거나 불편할 수 있으므로 황사·미세먼지 발생 수준, 사람별 호흡량 등을 고려해 적당한 제품을 선택하는 것이 바람직하다.

약국, 마트, 편의점 등에서 보건용 마스크를 구입하는 경우에는 제품의 포장에서 '의약외품'이라는 문자와 KF80, KF94, KF99 표시를 반드시 확인해야 한다.

아울러 보건용 마스크는 세탁하면 모양이 변형되어 기능을 유지할 수 없으므로 세탁하지 않고 사용해야 하며, 사용한 제품은 먼지나 세균에 오염되어 있을 수 있으므로 재사용하지 말아야 한다.

또한 수건이나 휴지 등을 덧댄 후 마스크를 사용하면 밀착력이 감소해 미세입자 차단 효과가 떨어질 수 있으므로 주의해야 하고, 착용 후에는 마스크 겉면을 가능하면 만지지 말아야 한다.

---

① KF 뒤에 붙은 숫자가 클수록 미세입자 차단 효과가 더 크다.

② 수건이나 휴지 등을 덧댄 후 마스크를 사용하는 것은 이중 차단 효과를 준다.

③ 보건용 마스크는 세탁하면 모양이 변형되어 기능을 유지할 수 없다.

④ 사용한 제품은 먼지나 세균에 오염되어 있을 수 있으므로 재사용하지 말아야 한다.

---

43 8명이 앉을 수 있는 원탁에 각 지역본부 대표가 참여하여 회의하고 있다. 다음 〈조건〉을 바탕으로 경인 지역본부 대표의 맞은편에 앉은 사람은?

〈조건〉

- 서울, 부산, 대구, 광주, 대전, 경인, 춘천, 속초 대표가 참여하였다.
- 서울 대표는 12시 방향에 앉아 있다.
- 서울 대표의 오른쪽 두 번째는 대전 대표이다.
- 부산 대표는 경인 대표의 왼쪽에 앉는다.
- 대전 대표와 부산 대표 사이에는 광주 대표가 있다.
- 광주 대표와 대구 대표는 마주 보고 있다.
- 서울 대표와 대전 대표 사이에는 속초 대표가 있다.

---

① 부산 대표　　　　　　　　② 대구 대표

③ 대전 대표　　　　　　　　④ 속초 대표

44 K기업에서는 3월 셋째 주에 이틀 연속으로 본사에 있는 B강당에서 인문학 특강을 진행하려고 한다. 강당을 이용할 수 있는 날짜와 강사의 스케줄을 고려할 때, 섭외 가능한 강사는?

〈B강당 이용 가능 날짜〉

구분	월요일	화요일	수요일	목요일	금요일
오전(9 ~ 12시)	×	○	×	○	○
오후(13 ~ 14시)	×	×	○	○	×

※ 가능 : ○, 불가 : ×

〈섭외 강사 후보 스케줄〉

강사	스케줄
A강사	매주 수 ~ 목요일 10 ~ 14시 문화센터 강의
B강사	첫째 주, 셋째 주 화요일, 목요일 10 ~ 14시 대학교 강의
C강사	매월 첫째 ~ 셋째 주 월요일, 수요일 오후 12 ~ 14시 면접 강의
D강사	매주 수요일 오후 13 ~ 16시, 금요일 오전 9 ~ 12시 도서관 강좌
E강사	매월 첫째, 셋째 주 화 ~ 목 오전 9 ~ 11시 강의

※ K기업 본사까지의 이동거리와 시간은 고려하지 않는다.
※ 강의는 이틀 연속으로 진행되며 강사는 같아야 한다.

① A, B강사
② B, C강사
③ C, D강사
④ C, E강사

45 다음 글을 읽고 알 수 있는 사실로 적절하지 않은 것은?

인류의 역사를 석기시대, 청동기시대 그리고 철기시대로 구분한다면 현대는 '플라스틱시대'라고 할 수 있을 만큼 플라스틱은 현대사회에서 가장 혁명적인 물질 중 하나이다. "플라스틱은 현대 생활의 뼈, 조직, 피부가 되었다."는 미국의 과학 저널리스트 수전 프라인켈(Susan Freinkel)의 말처럼 플라스틱은 인간의 생활에 많은 부분을 차지하고 있다. 저렴한 가격과 필요에 따라 내구성, 강도, 유연성 등을 조절할 수 있는 장점 덕분에 일회용 컵부터 옷, 신발, 가구 등 플라스틱이 아닌 것이 거의 없을 정도이다. 그러나 플라스틱에는 치명적인 단점이 있다. 바로 플라스틱이 지닌 특성 중 하나인 영속성(永續性)이다. 인간이 그동안 생산한 플라스틱은 바로 분해되지 않고 어딘가에 계속 존재하고 있어 플라스틱은 환경오염의 원인이 된 지 오래이다.

치약, 화장품, 피부 각질제거제 등 생활용품이나 화장품에 들어 있는 작은 알갱이의 성분은 '마이크로비드 (Microbead)'라는 플라스틱이다. 크기가 1mm보다 작은 플라스틱을 '마이크로비드'라고 하는데, 이 알갱이는 정수처리과정에서 걸러지지 않고 생활 하수구에서 강으로, 바다로 흘러간다. 조그만 알갱이들은 바다를 떠돌면서 생태계의 먹이사슬을 통해 동식물 체내에 축적되어 면역체계 교란, 중추신경계 손상 등의 원인이 되는 잔류성 유기 오염물질(Persistent Organic Pollutants)을 흡착한다. 그리고 물고기, 새 등 여러 생물은 마이크로비드를 먹이로 착각해 섭취한다. 마이크로비드를 섭취한 해양생물은 다시 인간의 식탁에 올라온다. 즉, 우리가 버린 플라스틱을 우리가 다시 먹게 되는 셈이다.

플라스틱 포크로 음식을 먹고, 플라스틱 컵으로 물을 마시는 등 플라스틱을 음식을 먹기 위한 수단으로만 생각했지 직접 먹게 되리라고는 상상도 못 했을 것이다. 우리가 먹은 플라스틱이 우리 몸에 남아 분해되지 않고 큰 질병을 키우게 될 것을 말이다.

① 플라스틱은 필요에 따라 유연성, 강도 등을 조절할 수 있고, 값이 싼 장점이 있다.

② 플라스틱은 바로 분해되지 않고 어딘가에 존재한다.

③ 마이크로비드는 크기가 작기 때문에 정수처리과정에서 걸러지지 않고 바다로 유입된다.

④ 마이크로비드는 잔류성 유기 오염물질을 분해하는 역할을 한다.

46 다음은 어느 해 개최된 올림픽에 참가한 6개국의 성적이다. 이에 대한 설명으로 옳지 않은 것은?

〈국가별 올림픽 성적〉

(단위 : 명, 개)

국가	참가선수	금메달	은메달	동메달	메달 합계
A	240	4	28	57	89
B	261	2	35	68	105
C	323	0	41	108	149
D	274	1	37	74	112
E	248	3	32	64	99
F	229	5	19	60	84

① 획득한 금메달 수가 많은 국가일수록 은메달 수는 적었다.
② 금메달을 획득하지 못한 국가가 가장 많은 메달을 획득했다.
③ 참가선수의 수가 많은 국가일수록 획득한 동메달 수도 많았다.
④ 획득한 메달의 합계가 큰 국가일수록 참가선수의 수도 많았다.

47 직무 전결 규정상 전무이사가 전결인 '과장의 국내출장 건'의 결재를 시행하고자 한다. 박기수 전무이사가 해외출장으로 인해 부재중이어서 직무대행자인 최수영 상무이사가 결재하였다. 다음 〈보기〉 중 옳지 않은 것을 모두 고르면?

─────〈보기〉─────
ㄱ. 최수영 상무이사가 결재한 것은 전결이다.
ㄴ. 공문의 결재표 상에는 '과장 최경옥, 부장 김석호, 상무이사 전결, 전무이사 최수영'이라고 표시되어 있다.
ㄷ. 박기수 전무이사가 출장에서 돌아와서 해당 공문을 검토하는 것은 후결이다.
ㄹ. 전결사항은 부재중이더라도 돌아와서 후결을 하는 것이 원칙이다.

① ㄱ, ㄴ
② ㄱ, ㄹ
③ ㄱ, ㄴ, ㄹ
④ ㄴ, ㄷ, ㄹ

48 다음 사례에서 나타난 마이클 포터의 본원적 경쟁전략으로 가장 적절한 것은?

전자제품 시장에서 경쟁회사가 가격을 낮추는 저가 전략을 사용하여 점유율을 높이려 하자, 이에 맞서 오히려 고급 기술을 적용한 고품질 프리미엄 제품을 선보이고 서비스를 강화해 시장의 점유율을 높였다.

① 차별화 전략   ② 원가우위 전략

③ 집중화 전략   ④ 마케팅 전략

49 다음 글의 내용과 가장 비슷한 의미를 가진 속담은?

말을 마치지 못하여서 구름이 걷히니 호승이 간 곳이 없고, 좌우를 돌아보니 팔 낭자가 또한 간 곳이 없는지라 정히 경황(驚惶)하여 하더니, 그런 높은 대와 많은 집이 일시에 없어지고 제 몸이 한 작은 암자 중의 한 포단 위에 앉았으되, 향로(香爐)에 불이 이미 사라지고, 지는 달이 창에 이미 비치었더라.

① 공든 탑이 무너지랴.

② 산 까마귀 염불한다.

③ 열흘 붉은 꽃이 없다.

④ 고양이가 쥐 생각해 준다.

50 K고등학교의 같은 반 학생인 영은이와 재국이, 정희 그리고 유빈이는 국어, 영어, 수학 시험에서 다음 〈조건〉과 같은 결과를 얻었다. 이때 거짓인 것은?

〈조건〉
- 영은이는 네 명 중 국어에서 1등, 영어와 수학에서 3등을 하였다.
- 재국이는 영어에서는 정희보다 잘했으나, 다른 과목에서는 정희보다 잘하지 못했다.
- 세 과목의 합계에서 1등을 한 학생은 수학에서는 2등을 하였다.
- 유빈이는 영어에서 4등을 했고, 수학에서는 4등을 하지 않았다.
- 모든 과목에서 1등은 100점, 2등은 90점, 3등은 80점, 그리고 4등은 70점을 받았다.
- 그 어떤 과목에서도 동점자가 발생하지 않았다.

① 세 과목 점수의 합계에서 1등을 한 학생은 어떤 과목에서도 1등을 하지 못했다.

② 세 과목 점수를 합했을 때, 네 명 중 동점자는 없었다.

③ 1등을 한 학생과 4등을 한 학생의 총점은 50점 차이가 났다.

④ 4등을 한 학생은 어떤 과목에서는 1등을 했다.

www.sdedu.co.kr

경기도 공공기관
통합채용

최종모의고사
정답 및 해설

제1회 모의고사 정답 및 해설

01	02	03	04	05	06	07	08	09	10
②	①	③	②	①	③	②	③	①	④
11	12	13	14	15	16	17	18	19	20
①	④	①	④	②	③	②	③	③	④
21	22	23	24	25	26	27	28	29	30
④	③	②	①	③	④	③	④	④	②
31	32	33	34	35	36	37	38	39	40
④	③	④	④	④	②	②	①	③	②
41	42	43	44	45	46	47	48	49	50
①	④	③	③	④	④	③	①	②	④

01
정답 ②

제시문은 음악을 쉽게 복제할 수 있는 환경이 되었으나 이를 비판하는 시각도 등장했음을 소개하고, 비판적 시각에 대한 반박을 통해 미래에 대한 기대를 나타내는 내용의 글이다. 따라서 (다) 음악을 쉽게 변모시킬 수 있게 된 환경 → (가) 음악 복제에 대한 비판적인 시선의 등장 → (라) 이를 반박하는 복제품 음악의 의의 → (나) 복제품으로 새롭게 등장한 전통에 대한 기대 순서로 나열되어야 한다.

02
정답 ①

오답분석
② 생각컨대 → 생각건대
③ 틈틈히 → 틈틈이
④ 만난지 → 만난 지

03
정답 ③

두 번째 문단에 따르면 사람은 한쪽 눈으로 얻을 수 있는 단안 단서만으로도 이전 경험으로부터의 추론에 의하여 세계를 3차원으로 인식할 수 있다. 즉, 사고로 한쪽 눈의 시력을 잃어도 남은 한쪽 눈에 맺히는 2차원의 상들은 다양한 실마리를 통해 입체 지각이 가능하다.

04
정답 ②

제시문은 제1차 세계대전의 원인을 여러 방면에서 살펴봄과 동시에 방아쇠이자 효시가 되었던 오스트리아 황태자 부처 암살 사건의 중요성에 대해서도 이야기하고 있다. 즉, 제시문은 역사의 전개 양상이 필연적인 요소에 의해서만 흘러가는 것이 아니라 우연적인 요소에 의해서도 좌우된다는 것을 강조하고 있다. 따라서 다음에 이어질 부분의 핵심 내용으로 적절한 것은 '역사의 필연성과 우연성'이다.

05
정답 ①

미를 도덕이나 목적론과 연관시킨 톨스토이나 마르크스와 달리 칸트는 미에 대한 자율적 견해를 지녔다. 즉, 미적 가치를 도덕 등 다른 가치들과 관계없는 독자적인 것으로 본 것이다. 따라서 문학 작품을 감상할 때 다른 외부적 요소들은 고려하지 않고 작품 자체에만 주목하여 감상해야 한다는 절대주의적 관점이 이러한 칸트의 견해와 유사함을 추론할 수 있다.

06
정답 ③

제시문은 들뢰즈와 가타리라는 두 학자의 견해를 소개하고 있다. 또한 욕망, 코드화, 노마디즘 등의 용어를 설명하고 있다.

07
정답 ②

㉠ 작성 주체에 의한 구분 : 작성 주체에 따라 공문서와 사문서로 구분한다.
  – 공문서 : 행정기관에서 공무상 작성하거나 시행하는 문서와 행정기관이 접수한 모든 문서
  – 사문서 : 개인이 사적인 목적을 위하여 작성한 문서
㉡ 유통 대상에 의한 구분 : 외부로 유통되지 않는 내부결재문서와 외부로 유통되는 문서인 대내문서, 대외문서 등으로 구분한다.
  – 외부로 유통되지 않는 문서 : 행정기관이 내부적으로 계획 수립, 결정, 보고 등을 하기 위하여 결재를 받는 내부결재문서
  – 외부 유통 문서 : 기관 내부에서 보조기관 상호 간 협조를 위하여 수신·발신하는 대내문서, 다른 행정기관에 수신·발신하는 대외문서, 발신자와 수신자 명의가 다른 문서
㉢ 문서의 성질에 의한 분류 : 성질에 따라 법규문서, 지시문서, 공고문서, 비치문서, 민원문서, 일반문서로 구분한다.
  – 법규문서 : 법규사항을 규정하는 문서

- 지시문서 : 행정기관이 하급기관이나 소속 공무원에 대하여 일정한 사항을 지시하는 문서
- 공고문서 : 고시·공고 등 행정기관이 일정한 사항을 일반에게 알리기 위한 문서
- 비치문서 : 행정기관 내부에 비치하면서 업무에 활용하는 문서
- 민원문서 : 민원인이 행정기관에 특정한 행위를 요구하는 문서와 그에 대한 처리문서
- 일반문서 : 위의 각 문서에 속하지 않는 모든 문서

08 정답 ③

제시문은 고령화 시대에 발생하는 노인 주거 문제에 대해 일본의 정책과 비교하여 우리나라의 부족한 대처방안을 문제 삼고 있으며, 이러한 문제를 해결하기 위해 공동 주택인 아파트의 공유 공간을 활용하자는 방안을 제시하고 있다. 따라서 노인 주거 문제를 공유를 통해 해결하자는 ③이 제목으로 가장 적절하다.

오답분석

① 고령화 속도에 대한 내용은 제시문에 나타나 있지 않다.
② 일본의 정책으로 '유니버설 디자인'의 노인 친화적 주택을 언급하고 있으나, 제시문의 일부 내용이므로 제목으로 적절하지 않다.
④ 제시문에서 주로 문제 삼고 있는 것은 사회 복지 비용의 증가가 아닌 부족한 노인 주거 정책이며, 그에 대한 해결 방안을 제시하고 있다.

09 정답 ①

제시문에 따르면 현대는 텔레비전이나 만화책을 보는 문화가 신문이나 두꺼운 책을 읽는 문화를 대체하고 있으므로 휴식이 따라오는 보는 놀이는 사람들의 머리를 비게 하여 생각 없는 사회로 치닫게 한다. 즉, 사람들은 텔레비전을 보는 동안 휴식을 취하며 생각을 하지 않으므로 텔레비전을 많이 볼수록 생각하는 시간이 적어짐을 추론할 수 있다.

10 정답 ④

모바일을 활용한 마케팅은 텍스트를 줄이고, 재미와 즐거움을 줌으로써 고객을 사로잡아야 한다. 이런 부분에서 모든 것을 한 화면 안에서 보여주고, 시각과 청각을 자극하여 정보를 효과적으로 전달한 비디오콘텐츠를 활용한 비디오 커머스가 가장 효과적인 마케팅이다.

11 정답 ①

표준편차는 변량의 분산 정도를 표시하는 척도이다. 부가서비스별로 선호하는 비중은 남성의 경우 7 ~ 19% 사이에 위치하고, 여성의 경우 6 ~ 21%에 위치하고 있다. 평균이 약 11.1%인 것을 감안했을 때, 여성의 비중이 평균에 비해 더 멀리 떨어져 있으므로 표준편차의 값은 남성보다 여성이 더 큰 것을 알 수 있다.

오답분석

② 무응답한 비율은 전체 8.4%이므로 총 $1,000 \times 0.084 = 84$명이 맞다. 하지만 남녀 비율이 6 : 4이므로 남성은 $600 \times 10\% = 60$명, 여성은 $400 \times 6\% = 24$명이라고 언급하여야 한다.
③ 남성이 두 번째로 선호하는 부가서비스는 무이자 할부(17%)이다.
④ 성별 비율이 각각 50%라면, 포인트 적립 항목의 경우 전체 비율이 $19\% \times 0.5 + 21\% \times 0.5 = 20\%$가 나와야 한다. 하지만 자료에서는 19.8%라고 하였으므로 옳지 않다. 남성의 비율은 60%, 여성은 40%라고 언급해야 한다.

12 정답 ④

- 팀장 1명을 뽑는 경우의 수 : $_{10}C_1 = 10$가지
- 회계 담당 2명을 뽑는 경우의 수 : $_9C_2 = \dfrac{9 \times 8}{2!} = 36$가지

따라서 구하고자 하는 경우의 수는 $10 \times 36 = 360$가지이다.

13 정답 ①

내일 날씨가 화창하고 사흘 뒤 비가 올 모든 경우는 다음과 같다.

내일	모레	사흘
화창	화창	비
화창	비	비

- 첫 번째 경우의 확률 : $0.25 \times 0.30 = 0.075$
- 두 번째 경우의 확률 : $0.30 \times 0.15 = 0.045$

따라서 주어진 사건의 확률은 $0.075 + 0.045 = 0.12 = 12\%$이다.

14 정답 ④

n을 자연수라 하면 $(n+1)$항에서 n항을 더하고 $+2$를 한 값인 $(n+2)$항이 되는 수열이다.

따라서 ( ) $= 48 + 29 + 2 = 79$이다.

15 정답 ②

집에서 약수터까지의 거리는 $\dfrac{1}{2} \times 10 \times 60 = 300$m이고, 동생의 속력은 $\dfrac{300}{15 \times 60} = \dfrac{1}{3}$m/s이다. 형이 집에서 약수터까지 왕복한 시간은 $10 \times 2 = 20$분이므로 형이 집에 도착할 때까지 동생이 이동한 거리는 $\dfrac{1}{3} \times (20 \times 60) = 400$m이고, 약수터에서 집으로 돌아오는 중이다. 따라서 동생은 집으로부터 $300 - 100 = 200$m 떨어진 곳에 있다.

16 정답 ③

2014 ~ 2023년 평균 부채 비율은 $61.6+100.4+86.5+80.6+79.9+89.3+113.1+150.6+149.7+135.3 \div 10 = 104.7\%$이다. 따라서 10년간 평균 부채 비율은 100% 이상이다.

오답분석

① 2023년의 자산과 자본은 10년 중 가장 많았지만, 그만큼 부채도 가장 많은 것을 확인할 수 있다.
② 전년 대비 부채 비율이 증가한 해는 2015년, 2019년, 2020년, 2021년이므로 연도별 부채 비율 증가폭을 계산하면 다음과 같다.
   • 2015년 : $100.4-61.6=38.8$%p
   • 2019년 : $89.3-79.9=9.4$%p
   • 2020년 : $113.1-89.3=23.8$%p
   • 2021년 : $150.6-113.1=37.5$%p
   따라서 부채 비율이 전년 대비 가장 많이 증가한 해는 2015년이다.
④ 2017년 대비 2018년 자본금 증가폭은 $33,560-26,278=7,282$억 원이므로 10년간 자본금 추이 중 가장 컸다.

17 정답 ②

500mL 물과 2L 음료수의 개수를 각각 x개, y개라 하면, $x+y=3300$이고, 이때 2L 음료수는 5명당 1개가 지급되므로 $y=\frac{1}{5}x$이다.

$\frac{6}{5}x=330$

$\rightarrow 6x=1,650$

$\therefore x=275$

500mL 물은 1인당 1개 지급하므로 직원의 인원수와 같다. 따라서 야유회에 참가한 직원은 275명이다.

18 정답 ③

제품별 밀 사용량 그래프에서 라면류와 빵류의 밀 사용량의 10%는 각각 6.6톤, 6.4톤이다. 따라서 과자류에 사용될 밀 사용량은 총 $42+6.6+6.4=55$톤이다.

19 정답 ③

A ~ D과자 중 밀을 가장 많이 사용하는 과자는 45%를 사용하는 D과자이고, 가장 적게 사용하는 과자는 15%인 C과자이다. 따라서 두 과자의 밀 사용량 차이는 $42\times(0.45-0.15)=42\times0.3=12.6$톤이다.

20 정답 ④

• 남성 : $11.1\times3=33.3>32.2$
• 여성 : $10.9\times3=32.7<34.7$
따라서 남성의 경우 국가기관에 대한 선호 비율이 공기업 선호 비율의 3배보다 작다.

오답분석

① 3%, 2.6%, 2.5%, 2.1%, 1.9%, 1.7%로 가구소득이 많을수록 중소기업을 선호하는 비율이 줄어들고 있다.
② 연령을 기준으로 세 번째로 선호하는 직장은 모두 전문직 기업이다.
③ 국가기관은 모든 집단에서 선호 비율이 가장 높다.

21 정답 ④

해결안 개발은 문제로부터 도출된 근본원인을 효과적으로 해결할 수 있는 최적의 해결방안을 수립하는 단계로서 해결안 도출, 해결안 평가 및 최적안 선정의 절차로 진행된다. 홍보팀 팀장은 팀원들이 제시한 다양한 홍보 방안을 중요도와 실현 가능성 등을 고려하여 최종 홍보 방안을 결정해야 한다. 따라서 해결안 개발 단계 중에서도 해결안을 평가하고 가장 효과적인 해결안을 선정해야 하는 단계에 해당한다.

22 정답 ③

리스크 관리 능력의 부족은 기업 내부환경의 약점 요인에 해당한다. 위협은 외부환경 요인에 해당하므로 위협 요인에는 회사 내부를 제외한 외부에서 비롯되는 요인이 들어가야 한다.

23 정답 ②

알파벳 순서에 따라 숫자로 변환하면 다음과 같다.

a	b	c	d	e	f	g	h	i
1	2	3	4	5	6	7	8	9
j	k	l	m	n	o	p	q	r
10	11	12	13	14	15	16	17	18
s	t	u	v	w	x	y	z	–
19	20	21	22	23	24	25	26	–

• abroad의 품번
  – 1단계 : $1+2+18+15+1+4=41$
  – 2단계 : $1+15+1=17 \rightarrow 17^2=289 \rightarrow 289\div3\fallingdotseq96$
    (∵ 소수점 첫째 자리에서 버림)
  – 3단계 : $41+96=137$

24 정답 ①

• positivity의 품번
  – 1단계 : $16+15+19+9+20+9+22+9+20+25=164$
  – 2단계 : $15+9+9+9=42 \rightarrow 42^2=1,764$
    $\rightarrow 1,764\div4=441$
  – 3단계 : $164+441=605$

25 정답 ③

- endeavor의 품번
  - 1단계 : $5+14+4+5+1+22+15+18=84$
  - 2단계 : $5+5+1+15=26 \rightarrow 26^2=676 \rightarrow 676 \div 4=169$
  - 3단계 : $84+169=253$

26 정답 ③

제시된 A ~ D 네 명의 진술을 정리하면 다음과 같다.

구분	진술 1	진술 2
A	C는 B를 이길 수 있는 것을 냈다.	B는 가위를 냈다.
B	A는 C와 같은 것을 냈다.	A가 편 손가락의 수는 B보다 적다.
C	B는 바위를 냈다.	A ~ D는 같은 것을 내지 않았다.
D	A, B, C 모두 참 또는 거짓을 말한 순서가 동일하다.	이 판은 승자가 나온 판이었다.

먼저 A ~ D는 반드시 가위, 바위, 보 세 가지 중 하나를 내야 하므로 그 누구도 같은 것을 내지 않았다는 C의 진술 2는 거짓이 된다. 따라서 C의 진술 중 진술 1이 참이 되므로 B가 바위를 냈다는 것을 알 수 있다. 이때, B가 가위를 냈다는 A의 진술 2는 참인 C의 진술 1과 모순되므로 A의 진술 중 진술 2가 거짓이 되는 것을 알 수 있다. 결국 A의 진술 중 진술 1이 참이 되므로 C는 바위를 낸 B를 이길 수 있는 보를 냈다는 것을 알 수 있다.

한편, 바위를 낸 B는 손가락을 펴지 않으므로 A가 편 손가락의 수가 자신보다 적었다는 B의 진술 2는 거짓이 된다. 따라서 B의 진술 중 진술 1이 참이 되므로 A는 C와 같은 보를 냈다는 것을 알 수 있다.

이를 바탕으로 A ~ C의 진술에 대한 참, 거짓 여부와 가위바위보를 정리하면 다음과 같다.

구분	진술 1	진술 2	가위바위보
A	참	거짓	보
B	참	거짓	바위
C	참	거짓	보

따라서 참 또는 거짓에 대한 A ~ C의 진술 순서가 동일하므로 D의 진술 1은 참이 되고, 진술 2는 거짓이 되어야 한다. 이때, 승자가 나오지 않으려면 D는 반드시 A ~ C와 다른 것을 내야 하므로 가위를 낸 것을 알 수 있다.

오답분석
① B와 같은 것을 낸 사람은 없다.
② 보를 낸 사람은 2명이다.
④ B가 기권했다면 가위를 낸 D가 이기게 된다.

27 정답 ④

수진, 지은, 혜진, 정은이의 수면 시간을 정리하면 다음과 같다.
- 수진 : $22:00 \sim 07:00 \rightarrow$ 9시간
- 지은 : $22:30 \sim 06:50 \rightarrow$ 8시간 20분
- 혜진 : $21:00 \sim 05:00 \rightarrow$ 8시간
- 정은 : $22:10 \sim 05:30 \rightarrow$ 7시간 20분

따라서 수진이의 수면 시간이 가장 길다.

28 정답 ③

손발 저림 개선에 효능이 있는 코스는 케어코스와 종합코스가 있으며, 종합코스는 피부질환에도 효능이 있다.

오답분석
① 폼스티엔에이페리주 치료도 30% 할인이 적용된다.
② 식욕부진의 경우 웰빙코스가 적절하다.
④ 할인행사는 7월 한 달간 진행된다.

29 정답 ④

조건을 정리하면 다음과 같다.

구분	월요일	화요일	수요일	목요일	금요일
A	○		×	○	
B	○	×	×	○	○
C	○		×	○	
D	○		○	○	
E	○	○	×	○	×

따라서 수요일에 야근하는 사람은 D이다.

30 정답 ②

설정형 문제는 미래 상황에 대응하여 앞으로 어떻게 할 것인지에 관한 문제로 ㉡이 해당된다.

오답분석
㉠·㉢ 발생형 문제 : 이미 일어난 문제로 당장 걱정하고 해결해야 되는 문제이다.
㉣·㉤ 탐색형 문제 : 현재의 상황에서 개선해야 되는 문제이다.

31 정답 ④

완성품 납품 수량은 총 100개이다. 완성품 1개당 부품 A는 10개가 필요하므로 총 1,000개가 필요하고, B는 300개, C는 500개가 필요하다. 그런데 A는 500개, B는 120개, C는 250개의 재고가 있으므로, 각각 모자라는 나머지 부품인 500개, 180개, 250개를 주문해야 한다.

32 정답 ③

매출 순이익은 [(판매 가격)−(생산 단가)]×(판매량)이므로 메뉴별 매출 순이익을 계산하면 다음과 같다.

메뉴	예상 월간 판매량 (개)	생산 단가 (원)	판매 가격 (원)	매출 순이익(원)
A	500	3,500	4,000	250,000[=(4,000 −3,500)×500]
B	300	5,500	6,000	150,000[=(6,000 −5,500)×300]
C	400	4,000	5,000	400,000[=(5,000 −4,000)×400]
D	200	6,000	7,000	200,000[=(7,000 −6,000)×200]

따라서 매출 순이익이 가장 높은 C를 메인 메뉴로 선정하는 것이 가장 적절하다.

33 정답 ④

25, 26일은 예측농도가 '약간 나쁨', '보통'이므로 첫째 날과 둘째 날 예측농도 조건에 맞는다. 워크숍 마지막 날인 27일은 토요일도 가능하다는 조건에 부합하여 예측농도 또한 '나쁨'이지만 따로 제한하고 있는 조건이 없으므로 가능하다.

오답분석

① 1일(첫째 날)은 미세먼지 예측농도가 '매우 나쁨'이고, 2일(둘째 날)은 '나쁨'으로 조건에 맞지 않는다.
② 8 ~ 10일의 미세먼지 예측농도는 적절하지만 매달 둘째, 넷째 주 수요일에는 기획회의가 있으므로 10일인 수요일은 불가능하다.
③ 17일(첫째 날)은 미세먼지 예측농도가 '나쁨'으로 조건에 맞지 않으며, 19일에 우수성과팀 시상식이 있기 때문에 적절하지 않다.

34 정답 ④

간트 차트를 활용하여 표로 만들면 공정 기간은 다음과 같다.

1일	2일	3일	4일	5일	6일	7일	8일	9일	10일	11일	12일
A		B						G			
C											
	D					F					
E											

따라서 공정이 모두 마무리되려면 최소 12일이 걸린다.

35 정답 ③

ㄴ. B사가 지점총괄부를 지점인사관리실과 지점재정관리실로 분리한 것은 조직 전체 차원의 자원관리시스템을 부문별로 분할한 것이므로 전사적 자원관리의 사례로 볼 수 없다.
ㄹ. D사가 신규 직원 채용에 있어 인사직무와 회계직무를 구분하여 채용하는 것은 인적자원을 부문별로 구분하여 관리하려는 것으로 볼 수 있다. 또한 채용에서의 구분만으로는 사내 자원관리 방식을 추론하기 어려우므로 전사적 자원관리의 사례로 볼 수 없다.

오답분석

ㄱ. 총무부 내 재무회계팀과 생산관리부 내 물량계획팀의 통합은 재무와 생산 부문을 통합하여 사내 자원을 효율적으로 관리하기 위한 것이므로 전사적 자원관리에 해당한다.
ㄷ. 국내 생산 공장의 물류 포털과 본사의 재무관리 포털의 흡수·통합은 생산과 재무 부문을 통합하여 자원을 효율적으로 관리하기 위한 것이므로 전사적 자원관리에 해당한다.

36 정답 ②

X산지와 Y산지의 배추의 재배원가에 대하여 각 유통 과정에 따른 판매가격을 계산하면 다음과 같다.

구분	X산지	Y산지
재배원가	1,000원	1,500원
산지 → 경매인	1,000원×(1+0.2) =1,200원	1,500원×(1+0.1) =1,650원
경매인 → 도매상인	1,200원×(1+0.25) =1,500원	1,650원×(1+0.1) =1,815원
도매상인 → 마트	1,500원×(1+0.3) =1,950원	1,815원×(1+0.1) =1,996.5≒1,997원

따라서 X산지에서 재배한 배추를 구매하는 것이 좋으며, 최종적으로 K마트에서 얻는 수익은 3,000−1,950=1,050원이다.

37 정답 ②

• (하루 1인당 고용비)
=(1인당 수당)+(산재보험료)+(고용보험료)
=50,000+50,000×0.504%+50,000×1.3%
=50,000+252+650=50,902원
• (하루에 고용할 수 있는 인원 수)
=[(본예산)+(예비비)]÷(하루 1인당 고용비)
=600,000÷50,902≒11.8
따라서 하루 동안 고용할 수 있는 최대 인원은 11명이다.

38

재건축주택 인수요청은 7월 1일에 시작되었으므로 2일까지 진행되고, 사용하는 연차별 최단기간 내 재건축매입대사업을 진행할 때의 단계별 사업 진행기간은 다음과 같다.

연차	인수자 지정 요청	인수자 지정 및 통보	인수계약 체결	개별 임대계획 수립	입대주택 공급일 공지
①	5일	8 ~ 11일	15 ~ 16일	18 ~ 19일	22 ~ 23일
②	4일	10 ~ 12일, 15일	17 ~ 18일	22 ~ 23일	25 ~ 26일
③	4일	8일, 11일, 12일, 15일	17 ~ 18일	22 ~ 23일	25 ~ 26일
④	4일	8 ~ 10일, 15일	17 ~ 18일	22 ~ 23일	25 ~ 26일

따라서 7월 25일까지 주거복지사업처장의 재건축매입임대사업 완료, 즉 임대주택공급일 공지단계가 완료되는 경우는 ①이다.

39

각 임직원의 항목 평균 점수를 구하면 다음과 같다.

성명	조직기여	대외협력	기획	평균	순위
유시진	58점	68점	83점	69.67점	9위
최은서	79점	98점	96점	91점	1위
양현종	84점	72점	86점	80.67점	6위
오선진	55점	91점	75점	73.67점	8위
이진영	90점	84점	97점	90.33점	2위
장수원	78점	95점	85점	86점	4위
김태균	97점	76점	72점	81.67점	5위
류현진	69점	78점	54점	67점	10위
강백호	77점	83점	66점	75.33점	7위
최재훈	80점	94점	92점	88.67점	3위

따라서 상위 4명인 최은서, 이진영, 최재훈, 장수원이 해외연수 대상자로 선정된다.

40

평균 점수를 내림차 순으로 정리하면 다음과 같다.

성명	조직기여	대외협력	기획	평균	순위
최은서	79점	98점	96점	91점	1위
이진영	90점	84점	97점	90.33점	2위
최재훈	80점	94점	92점	88.67점	3위
장수원	78점	95점	85점	86점	4위
김태균	97점	76점	72점	81.67점	5위
양현종	84점	72점	86점	80.67점	6위
강백호	77점	83점	66점	75.33점	7위
오선진	55점	91점	75점	73.67점	8위
유시진	58점	68점	83점	69.67점	9위
류현진	69점	78점	54점	67점	10위

따라서 오선진은 8위이므로 해외연수 대상자가 될 수 없다.

41

코칭은 문제 및 진척 상황을 직원들과 함께 자세하게 살피고 지원을 아끼지 않으며, 지도 및 격려를 하는 활동을 의미한다. 직원들을 코칭하는 리더는 직원 자신이 권한과 목적의식을 가지고 있는 중요한 사람이라는 사실을 느낄 수 있도록 이끌어 주어야 한다. 또한 직원들이 자신만의 장점과 성공 전략을 활용할 수 있도록 적극적으로 도와야 한다.

오답분석
② 티칭 : 학습자에게 지식이나 기술을 전달하고, 제능력(諸能力)이나 가치관을 형성시키는 교육활동이다.
③ 멘토링 : 경험과 지식이 풍부한 사람이 지도와 조언을 하여 받는 사람의 실력과 잠재력을 개발하는 것이다.
④ 컨설팅 : 어떤 분야에 전문적인 지식을 가진 사람이 고객을 상대로 상세하게 상담하고 도와주는 것이다.

42

㉠은 집중화 전략, ㉡은 원가우위 전략, ㉢은 차별화 전략에 해당한다.

43

업무 순서를 나열하면 '회의실 예약 – PPT 작성 – 메일 전송 – 수정사항 반영 – B주임에게 조언 구하기 – 브로슈어에 최종본 입력 – D대리에게 파일 전달 – 인쇄소 방문'이다. 따라서 첫 업무는 회의실 예약이고, 마지막 업무는 인쇄소 방문이다.

44
정답 ③

집단의사결정은 다수가 참여하기 때문에 결정이 느리고, 타협을 통해 결정되기 때문에 가장 적절한 방안을 채택하기 힘들며, 전체 구성원들의 의견이 잘 반영되기 어렵다. 또한 집단사고(Group Thinking)에 영향을 받아 잘못된 판단을 할 수 있으며, 특정 구성원에 의해 의사결정이 독점될 가능성이 있다.

45
정답 ④

- A대리 : 조직 내 집단 간 경쟁은 조직 내 한정 자원을 차지하려는 목적에서 발생한다.
- B차장 : 한정 자원의 차지 외에도 집단들이 상반된 목표를 추구할 때에도 경쟁이 발생한다.
- D주임 : 경쟁이 지나치면 집단 간 경쟁에 지나치게 많은 자원을 투입하고 본질적 목표를 소홀히 하게 되어 비능률을 초래하게 된다.

오답분석
- C주임 : 경쟁을 통해 집단 내부의 결속력을 다지고, 집단의 활동이 더욱 조직화되어 효율성을 확보할 수 있다. 하지만 지나치게 되면 자원의 낭비, 비능률 등의 문제가 초래된다. 따라서 경쟁이 치열할수록 좋다는 C주임의 설명은 옳지 않다.

46
정답 ④

예산집행 조정, 통제 및 결산 총괄 등 예산과 관련된 업무는 ㉣ 자산팀이 아닌 ㉠ 예산팀이 담당하는 업무이다. 자산팀은 물품 구매와 장비ㆍ시설물 관리 등의 업무를 담당한다.

47
정답 ③

전문자격 시험의 출제정보를 관리하는 시스템의 구축ㆍ운영 업무는 정보화사업팀이 담당하는 업무로, 개인정보 보안과 관련된 업무를 담당하는 정보보안전담반의 업무로는 적절하지 않다.

48
정답 ①

개인은 본인이 자란 문화에서 체득한 방식과 상이한 문화를 느끼게 되면 상대 문화에 이질감을 느끼게 되고, 의식적 혹은 무의식적으로 불일치, 위화감, 심리적 부적응 상태를 경험하게 되는데, 이를 문화충격이라고 한다.

오답분석
- ㄱ. 문화충격은 개인이 자신이 속한 문화 내에서가 아닌 타 문화를 접하였을 때 느끼게 되는 심리적 충격을 가리킨다.
- ㄷ. 문화충격에 대비하기 위해서 가장 중요한 것은 다른 문화에 대해 개방적인 태도를 가지는 것이다. 자신이 속한 문화의 기준으로 다른 문화를 평가하지 말고, 자신의 정체성은 유지하되, 새롭고 다른 것을 경험하는 데 즐거움을 느끼도록 적극적 자세를 취하는 것이 바람직하다.

49
정답 ②

개인적으로 직무를 수행하는 경우와 팀을 구성해서 수행하는 경우 중 어느 쪽이 더 높은 성과를 낼 수 있는지 단정 지을 수 없다.

오답분석
- ㄱ. 급변하는 환경에 유연하게 대처하기 위해서 이합집산이 용이한 팀제의 필요성이 높아지고 있다.
- ㄷ. 개인성과에 대한 보상도 필요하지만, 팀의 조직적이고 유기적인 운용을 위해서는 팀 전체 차원의 보상을 제공하는 것이 효과적이며, 협력을 통해 목표를 달성하는 팀제의 의의에도 부합한다.

50
정답 ④

사회적 입증 전략은 어떤 과학적인 논리보다도 동료나 사람들의 행동에 의해서 상대방을 설득하는 것이 협상 과정상에서의 갈등해결에 더 효과적이라는 전략으로, 자신의 동료나 이웃의 말이나 행동에 의한 설득과 소위 '입소문'을 통한 설득이 광고를 통한 설득보다 더 효과가 있다는 전략이다.

오답분석
① See – Feel – Change 전략 : 'See(보고)'는 시각화하고 직접 보게 하여 이해시키는 전략이며, 'Feel(느끼고)'은 스스로가 느끼게 하여 감동시키는 전략이고, 'Change(변화한다)'는 변화시켜 설득에 성공한다는 전략이다.
② 상대방 이해 전략 : 협상 과정상의 갈등해결을 위해서 상대방에 대한 이해가 선행되어 있으면 갈등해결이 용이하다는 것을 이용하는 전략이다.
③ 호혜관계 형성 전략 : 협상당사자 간에 어떤 혜택들을 주고받은 관계가 형성되어 있으면 그 협상 과정상의 갈등해결이 쉽다는 것으로, 도움을 받으면 도움을 주어야 한다는 전략이다.

제2회 모의고사 정답 및 해설

01	02	03	04	05	06	07	08	09	10
④	④	③	③	②	①	②	③	④	④
11	12	13	14	15	16	17	18	19	20
③	③	①	①	①	①	②	④	③	④
21	22	23	24	25	26	27	28	29	30
②	①	④	②	④	②	③	③	③	③
31	32	33	34	35	36	37	38	39	40
②	④	③	③	③	④	③	④	③	④
41	42	43	44	45	46	47	48	49	50
②	②	①	④	④	①	④	④	②	②

01 　　　　　　　　　　　　　　정답 ④

경청을 통해 상대방의 입장에 공감하며, 상대방을 이해하게 된다는 것은 자신의 생각이나 느낌, 가치관 등의 선입견이나 편견을 가지고 상대방을 이해하려 하지 않고, 상대방으로 하여금 자신이 이해받고 있다는 느낌을 갖도록 하는 것이다.

02 　　　　　　　　　　　　　　정답 ④

• ㉠ : '뇌졸중(腦卒中)'은 뇌에 혈액 공급이 제대로 되지 않아 손발의 마비, 언어 장애 등을 일으키는 증상을 일컬으며, '뇌졸증'은 이러한 '뇌졸중'의 잘못된 표현이다.
• ㉡ : '꺼림칙하다'와 '꺼림직하다' 중 기존에는 '꺼림칙하다'만 표준어로 인정되었으나, 2018년 표준국어대사전이 수정됨에 따라 '꺼림직하다'도 표준어로 인정되었다. 따라서 '꺼림칙하다', '꺼림직하다' 모두 사용할 수 있다.

03 　　　　　　　　　　　　　　정답 ③

오답분석

① 문자와 모양의 의미를 외워야 하는 것은 문자 하나하나가 의미를 나타내는 표의문자인 한자에 해당한다.
② 한글이 표음문자인 것은 맞지만, 기본적으로 24개의 문자를 익혀야 학습할 수 있다.
④ '세종이 만든 28자는 세계에서 가장 훌륭한 알파벳'이라고 평가한 사람은 미국의 다이아몬드(J. Diamond) 교수이다.

04 　　　　　　　　　　　　　　정답 ③

피드백의 효과를 극대화하려면 즉각적(㉠)이고, 정직(㉡)하고, 지지(㉢)하는 자세여야 한다.
㉠ 즉각적 : 시간을 낭비하지 않는 것이다. 다시 말하기를 통해 상대방의 말을 이해했다고 생각하자마자 명료화하고, 바로 피드백을 주는 것이 좋다. 시간이 갈수록 영향력은 줄어든다.
㉡ 정직 : 진정한 반응뿐만 아니라 조정하고자 하는 마음 또는 보이고 싶지 않은 부정적인 느낌까지 보여주어야 한다.
㉢ 지지 : 정직하다고 해서 잔인해서는 안 된다. 부정적인 의견을 표현할 때도 상대방의 자존심을 상하게 하거나 약점을 이용하거나 위협적인 표현 방법을 택하는 대신에 부드럽게 표현하는 방법을 발견할 필요가 있다.

05 　　　　　　　　　　　　　　정답 ②

(라)의 '이러한 기술 발전'은 (나)의 내용에 해당하고, (가)의 '그러한 위험'은 (다)의 내용에 해당한다. 내용상 기술 혁신에 대해 먼저 설명하고 그 위험성이 이어져야 하므로 (나) – (라) – (다) – (가) 순서로 나열되는 것이 적절하다.

06 　　　　　　　　　　　　　　정답 ①

일본 젊은이들이 장기 침체와 청년 실업이라는 경제적 배경 속에서 자동차를 사지 않는 풍조를 넘어 자동차가 없는 현실을 멋지게 받아들이는 단계로 접어든 것은 '못' 사는 것을 마치 '안' 사는 것처럼 포장한 것으로, 이런 풍조는 일종의 자기 최면이다.

07 　　　　　　　　　　　　　　정답 ②

제시문은 단순히 지방문화 축제의 특성을 설명하는 것이 아니라 지역문화 축제의 장점을 인식함으로써 지방자치단체가 지역민들의 삶의 질을 높이고, 지역의 발전을 위해 각 지역에 적합한 지방문화축제를 개발해야 한다고 주장하고 있다.

08
정답 ③

'이러한 작업'이 구체화된 바로 앞 문장을 보면 그것은 부분적 관점의 과학적 지식과 기술을, 포괄적인 관점의 예술적 세계관을 바탕으로 이해하는 작업을 의미하므로, 빈칸에 들어갈 내용으로는 '과학의 예술화'가 가장 적절하다.

09
정답 ④

패널 토의는 3 ~ 6인의 전문가가 토의 문제에 대한 정보나 지식, 의견이나 견해를 자유롭게 주고받고 토의가 끝난 후 청중의 질문을 받는 순서로 진행된다. 찬반으로 명백하게 나눠 토의를 진행하기보다는 서로 다른 의견을 수렴 및 조정하는 방법이기 때문에 ④는 적절하지 않다.

10
정답 ④

마지막 문단에서 정약용은 청렴을 지키는 것의 효과는 '다른 사람에게 긍정적 효과를 미친다.', '목민관 자신에게도 좋은 결과를 가져다준다.'고 하였으므로 ④가 글의 내용으로 적절하다.

오답분석

① 두 번째 문단의 '정약용은 청렴을 당위 차원에서 주장하는 기존의 학자들과 달리 행위자 자신에게 실질적 이익이 된다는 점을 들어 설득하고자 한다.'를 통해 적절하지 않음을 알 수 있다.

② 두 번째 문단에서 '정약용은 "지자(知者)는 인(仁)을 이롭게 여긴다."라는 공자의 말을 빌려 "지혜로운 자는 청렴함을 이롭게 여긴다."'라고 하였으므로 공자의 뜻을 계승한 것이 아니라 공자의 말을 빌려 청렴의 중요성을 강조하였다.

③ 두 번째 문단에서 '지혜롭고 욕심이 많은 사람은 청렴을 택하지만 지혜가 짧고 욕심이 적은 사람은 탐욕을 택한다고 설명한다.'라고 하였으므로 청렴한 사람은 욕심이 크기 때문에 탐욕에 빠지지 않는 것이 적절하다.

11
정답 ③

2018년과 2023년을 비교했을 때, 국유지 면적의 차이는 $24,087-23,033=1,054\text{km}^2$이고, 법인 면적의 차이는 $6,287-5,207=1,080\text{km}^2$이므로 법인 면적의 차이가 더 크다.

오답분석

① 국유지 면적은 매년 증가하고, 민유지 면적은 매년 감소하는 것을 확인할 수 있다.

② 전년 대비 2019 ~ 2023년 군유지 면적의 증가량은 다음과 같다.
- 2019년 : $4,788-4,741=47\text{km}^2$
- 2020년 : $4,799-4,788=11\text{km}^2$
- 2021년 : $4,838-4,799=39\text{km}^2$
- 2022년 : $4,917-4,838=79\text{km}^2$
- 2023년 : $4,971-4,917=54\text{km}^2$

따라서 군유지 면적의 증가량은 2022년에 가장 많다.

④ 전체 국토면적은 매년 증가하고 있는 것을 확인할 수 있다.

12
정답 ③

분자와 분모에 교대로 3씩 곱하는 수열이다.

따라서 ( ) $= \dfrac{18 \times 3}{45} = \dfrac{54}{45}$ 이다.

13
정답 ①

윗부분의 직육면체로 파인 세 면까지 페인트칠을 하게 되면 가로 150m, 세로 50m, 높이 100m인 직육면체의 겉넓이에 바닥의 넓이만 제하면 된다. 따라서 페인트칠을 할 건물의 겉넓이는 $(100 \times 150+100 \times 50) \times 2+150 \times 50=47,500\text{m}^2$이고, 1m^2당 200원이므로 K씨가 받는 인건비는 $47,500 \times 200=9,500,000$원이다.

14
정답 ①

9월 11일 전체 라면 재고량을 x개라고 하면, A, B업체의 9월 11일 라면 재고량은 각각 $0.1x$개, $0.09x$개이다.

이때 A, B업체의 9월 15일 라면 재고량을 구하면 다음과 같다.
- A업체 : $0.1x+300+200-150-100=(0.1x+250)$개
- B업체 : $0.09x+250-200-150-50=(0.09x-150)$개

9월 15일에는 A업체의 라면 재고량이 B업체보다 500개가 더 많으므로

$0.1x+250=0.09x-150+500$

$\therefore x=10,000$

15
정답 ①

ㄱ. 면적 비율이 큰 순서로 순위를 매길 때, 공장용지 면적 비율의 순위는 소기업, 대기업, 중기업 순서로 2022년부터 2023년 상반기까지 모두 동일하다.

ㄴ. 2022년 하반기 제조시설 면적은 소기업이 전체의 53.3%로, 26.3%인 중기업의 2배인 52.6% 이상이므로 옳은 설명이다.

오답분석

ㄷ. 제시된 자료는 실제 면적이 아닌 면적 비율을 나타내고 있으므로 2022년 상반기에 소기업들이 보유한 제조시설 면적과 부대시설 면적은 비교할 수 없다.

ㄹ. 대기업이 차지하는 공장용지 면적 비율은 계속 감소하지만, 소기업의 부대시설 면적 비율은 2022년 하반기에 증가 후 2023년 상반기에 감소하였다.

16
정답 ①

제시된 자료는 등록현황 비율만 나타내는 것으로, 등록완료된 실제 공장의 수는 비교할 수 없다.

오답분석

② 부분등록된 공장 중 대기업과 중기업의 비율의 격차는 2022년 상반기에 $8.8-3.4=5.4\%$p로, $8.7-3.5=5.2\%$p인 2021년 상반기 대비 증가하였다.

③ 휴업 중인 공장 중 소기업의 비율은 2021년 상반기부터 계속 증가하였으므로 옳은 설명이다.

④ 2021년 상반기부터 2022년 하반기까지 부분등록된 중기업의 비율은 2021년 하반기에 증가, 2022년 상반기에 감소, 2022년 하반기에 증가하였다. 반면, 휴업 중인 중기업의 비율은 지속적으로 감소하였다.

17   정답 ②

5명이 노란색 원피스 2벌, 파란색 원피스 2벌, 초록색 원피스 1벌 중 한 벌씩 선택하여 사는 경우의 수를 구하기 위해 먼저 5명을 2명, 2명, 1명으로 이루어진 3개의 팀으로 나누어야 한다. 이는 $_5C_2 \times _3C_2 \times _1C_1 \times \dfrac{1}{2!} = \dfrac{5 \times 4}{2} \times 3 \times 1 \times \dfrac{1}{2} = 15$가지이다. 원피스 색깔 중 2벌인 색은 노란색과 파란색 2가지이므로 선택할 수 있는 경우의 수는 총 $15 \times 2 = 30$가지이다.

18   정답 ④

2024년 2월 온라인쇼핑 거래액은 모든 상품군이 전년 동월보다 같거나 높다.

오답분석

① 2024년 2월 온라인쇼핑 거래액은 7조 원으로, 전년 동월 대비 $\dfrac{70,000 - 50,000}{50,000} \times 100 = 40\%$ 증가했다.

② 2024년 2월 온라인쇼핑 거래액 중 모바일쇼핑 거래액은 4조 2,000억 원으로, 전년 동월 대비 $\dfrac{42,000 - 30,000}{30,000} \times 100 = 40\%$ 증가했다.

③ 2024년 2월 모바일쇼핑 거래액은 전체 온라인쇼핑 거래액의 $\dfrac{42,000}{70,000} \times 100 = 60\%$를 차지한다.

19   정답 ③

매년 조사대상의 수는 동일하게 2,500명이므로 비율의 누적 값으로만 판단한다. 3년간 월간 인터넷 쇼핑 이용 누적 비율을 구하면 다음과 같다.
• 1회 미만 : $30.4 + 8.9 + 18.6 = 57.9\%$
• 1회 이상 2회 미만 : $24.2 + 21.8 + 22.5 = 68.5\%$
• 2회 이상 3회 미만 : $15.9 + 20.5 + 19.8 = 56.2\%$
• 3회 이상 : $29.4 + 48.7 + 39.0 = 117.1\%$
따라서 두 번째로 많이 응답한 인터넷 쇼핑 이용 빈도수는 1회 이상 2회 미만이다.

오답분석

① 제시된 자료를 통해 알 수 있다.

② 2022년 월간 인터넷 쇼핑을 3회 이상 이용했다고 응답한 사람은 $2,500 \times 0.487 = 1,217.5$로, 1,210명 이상이다.

④ 매년 조사 대상이 2,500명씩 동일하므로 비율만 비교한다. 2023년 월간 인터넷 쇼핑을 2회 이상 3회 미만 이용했다고 응답한 비율은 19.8%이고, 2022년 1회 미만으로 이용했다고 응답한 비율은 8.9%이다. 따라서 $8.9 \times 2 = 17.8 < 18.6$이므로 2배 이상 많다.

20   정답 ④

(공주거리)=(속도)×(공주시간)

$72 \text{km/h} = \dfrac{72,000}{3,600} \text{ m/s} = 20 \text{m/s}$

시속 72km로 달리는 자동차의 공주거리는 $20 \times 1 = 20$m이다. 따라서 자동차의 정지거리는 (공주거리)+(평균제동거리)이므로 $20 + 36 = 56$m이다.

21   정답 ②

ㄱ. 회사가 가지고 있는 신속한 제품 개발 시스템의 강점을 활용하여 새로운 해외시장의 소비자 기호를 반영한 제품을 개발하는 것은 강점을 통해 기회를 포착하는 SO전략에 해당한다.

ㄷ. 공격적 마케팅을 펼치고 있는 해외 저가 제품과 달리 오히려 회사가 가지고 있는 차별화된 제조 기술을 활용하여 고급화 전략을 추구하는 것은 강점으로 위협을 회피하는 ST전략에 해당한다.

오답분석

ㄴ. 저임금을 활용한 개발도상국과의 경쟁 심화와 해외 저가 제품의 공격적 마케팅을 고려하면 국내에 화장품 생산 공장을 추가로 건설하는 것은 적절한 전략으로 볼 수 없다. 약점을 보완하여 위협을 회피하는 전략을 활용하기 위해서는 오히려 저임금의 개발도상국에 공장을 건설하여 가격 경쟁력을 확보하는 것이 더 적절하다.

ㄹ. 낮은 브랜드 인지도가 약점이기는 하나, 해외시장에서의 한국 제품에 대한 선호가 증가하고 있는 점을 고려하면 현지 기업의 브랜드로 제품을 출시하는 것은 적절한 전략으로 볼 수 없다. 약점을 보완하여 기회를 포착하는 전략을 활용하기 위해서는 오히려 한국 제품임을 강조하는 홍보 전략을 세우는 것이 더 적절하다.

22   정답 ①

B는 피자 두 조각을 먹은 A보다 적게 먹었으므로 피자 한 조각을 먹었다. 또한 네 사람 중 B가 가장 적게 먹었으므로 D는 반드시 두 조각 이상 먹어야 한다. 따라서 A는 두 조각, B는 한 조각, C는 세 조각, D는 두 조각의 피자를 먹었으므로 피자는 남지 않는다.

23   정답 ④

보기에 대하여 생산한 공장을 기준으로 분류할 경우 중국, 필리핀, 멕시코, 베트남, 인도네시아 총 5개로 분류할 수 있다.

24
정답 ②

생산한 시대를 기준으로 생산연도가 잘못 표시된 경우
- CY87068506(1990년대)
- VA27126459(2010년대)
- MY03123268(1990년대)
- CZ11128465(2000년대)
- MX95025124(1980년대)
- VA07107459(2010년대)
- CY12056487(1990년대)

1 ~ 12월의 번호인 01 ~ 12 번호가 아닌 경우
- VZ08203215
- IA12159561
- CZ05166237
- PZ04212359

따라서 총 11개의 시리얼 번호가 잘못 기입되었다.

25
정답 ④

조건에 따르면 지하철에는 D를 포함한 두 사람이 타는데, B가 탈 수 있는 교통수단은 지하철뿐이므로 지하철에는 D와 B가 타며, 둘 중 한 명은 라 회사에 지원했다. 또한, 어떤 교통수단을 선택해도 지원한 회사에 갈 수 있는 E는 버스와 택시로 서로 겹치는 회사인 가 회사에 지원했음을 알 수 있다. 한편, A는 다 회사에 지원했고 버스나 택시를 타야 하는데, 택시를 타면 다 회사에 갈 수 없으므로 A는 버스를 탄다. 즉, C는 나 또는 마 회사에 지원했음을 알 수 있으며, 택시를 타면 갈 수 있는 회사 중 가 회사를 제외하면 버스로 갈 수 있는 회사와 겹치지 않으므로, C는 택시를 이용한다. 따라서 E가 라 회사에 지원했다는 ④는 옳지 않다.

26
정답 ②

조건에 따라 가능한 경우를 정리하면 다음과 같다.

구분	1층	2층	3층	4층	5층
경우 1	E	A	B	C	D
경우 2	E	A	B	D	C
경우 3	E	A	C	D	B
경우 4	E	A	D	C	B

즉, A, B, C, D는 1층에 살 수 없다. 따라서 A는 항상 E보다 높은 층에 산다.

27
정답 ③

조건을 충족시키는 경우는 다음과 같다.

A	B	C	D
주황색	남색 또는 노란색	빨간색	남색 또는 노란색
파란색	보라색		
	초록색		

조건에서 이미 결정된 빨간색, 주황색, 초록색을 제외하고 B, D는 파란색을 싫어하므로 A 혹은 C가 파란색을 사야 한다. 그러나 C가 두 컬레를 사게 되면 A는 한 컬레만 살 수 있으므로 조건에 어긋난다. 따라서 A가 파란색을 샀다. 또한 C나 D가 보라색을 사면 네 번째 조건을 충족할 수 없으므로 B가 보라색을 샀다.

28
정답 ③

주어진 조건을 정리하면 다음과 같다.

구분	(가)	(나)	(다)	(라)	(마)
영어	○	○		×	
수학	×	○	○		○
국어					
체육	×		○	○	

따라서 (가)가 듣는 수업은 영어와 국어이므로 (마)는 이와 겹치지 않는 수학과 체육 수업을 듣는다.

29
정답 ③

조건에 의해서 각 팀은 새로운 과제를 3, 2, 1, 1, 1개 맡아야 한다. 기존에 수행하던 과제를 포함해서 한 팀이 맡을 수 있는 과제는 최대 4개라는 점을 고려하면 다음과 같은 경우가 나온다.

구분	기존 과제 수	새로운 과제 수		
(가)팀	0개	3개	3개	2개
(나)팀	1개	1개	1개	3개
(다)팀	2개	2개	1개	1개
(라)팀	2개	1개	2개	1개
(마)팀	3개	1개		

ㄱ. a는 새로운 과제 2개를 맡는 팀이 수행하므로 (나)팀이 맡을 수 없다.
ㄷ. 기존에 수행하던 과제를 포함해서 2개 과제를 맡을 수 있는 팀은 기존 과제 수가 0개이거나 1개인 (가)팀과 (나)팀인데, 위의 세 경우 모두 과제 2개를 맡는 팀이 반드시 있다.

오답분석

ㄴ. f는 새로운 과제 1개를 맡는 팀이 수행하므로 (가)팀이 맡을 수 없다.

30
정답 ③

ㄱ. 공정 순서는 A → B·C → D → E → F로, 전체 공정이 완료되기 위해서는 15분이 소요된다.
ㄷ. B공정이 1분 더 지연되어도 C공정에서 5분이 걸리기 때문에 전체 공정 시간에는 변화가 없다.

오답분석

ㄴ. 첫 제품 생산 후부터는 5분마다 제품이 생산되기 때문에 첫 제품 생산 후부터 1시간마다 12개의 제품이 생산된다.

31 정답 ②

석유 제품 공급은 어느 한 지점에서 여러 지점으로 분산될 수 있으므로 가장 짧은 거리의 'D - E' 구간부터 출발하여 파이프라인을 건설해야 한다. 이때, 파이프라인의 길이를 최소로 하기 위해 'D - E - B - C - A'의 경로를 따라 파이프라인을 건설하면 최소 길이는 4+5+6+5=20km이다.

32 정답 ④

제품군별 지급해야 할 보관료는 다음과 같다.
• A제품군 : 300억×0.01=3억 원
• B제품군 : 2,000×20,000=4천만 원
• C제품군 : 500×80,000=4천만 원
따라서 K회사가 보관료로 지급해야 할 총 금액은 3억+4천만+4천만=3억 8천만 원이다.

33 정답 ③

• A지원자 : 3월에 복학 예정이기 때문에 인턴 기간이 연장될 경우 근무할 수 없으므로 부적합하다.
• B지원자 : 경력 사항이 없으므로 부적합하다.
• D지원자 : 근무 시간(9 ~ 18시) 이후에 업무가 불가능하므로 부적합하다.

34 정답 ③

이동수단별 소요시간은 다음과 같다.
• 고속열차 : 2시간(열차)+40분(택시)=2시간 40분
• 고속버스 : 4시간(버스)+10분(택시)=4시간 10분
• 비행기 : 1시간(비행기)+1시간(택시)=2시간
• 자가용 : 3시간(자가용)
따라서 비행기를 이용했을 때 시간을 가장 절약할 수 있다.

35 정답 ③

5,500+5,500+5,500+6,000+7,500=30,000원

① 5,500+5,500+6,000+6,800+7,000=30,800원
② 6,000+6,000+6,300+6,800+7,500=32,600원
④ 6,000+6,500+6,300+7,000+7,500=33,300원

36 정답 ④

사람들은 마감 기한보다 결과의 질을 중요하게 생각하는 경향이 있으나, 어떤 일이든 기한을 넘겨서는 안 된다. 완벽에 가깝지만 기한을 넘긴 일은 완벽하지 않지만 기한 내에 끝낸 일보다 인정을 받기 어렵다. 따라서 시간 관리에 있어서 주어진 기한을 지키는 것이 가장 중요하다.

37 정답 ③

회사에서 김포공항까지 40분, 김포공항에서 울산공항까지 60분, 울산공항에서 택시를 타고 공장까지 30분이 걸리므로 비행기와 택시를 이용하면 총 2시간 10분이 소요된다. 회사에서 오후 12시에 출발한다면 김포공항에서는 30분 간격으로 비행기를 탈 수 있으므로 오후 1시에 출발하여 오후 2시에 울산공항에 도착하고, 택시로 이동하여 오후 2시 30분에 공장에 도착한다. 따라서 이동수단으로 비행기와 택시를 이용하는 것이 가장 적절하다.

① 회사에서 서울역까지 30분, 서울역에서 울산역까지 2시간 15분, 울산역에서 택시를 타고 공장까지 15분이 걸리므로 KTX와 택시를 이용하면 총 3시간이 소요된다. 오후 12시에 회사에서 출발하면 서울역에서 오후 1시 열차를 탈 수 있으며, 공장에는 오후 3시 30분에 도착하므로 적절하지 않다.
② 회사에서 서울역까지 30분, 서울역에서 울산역까지 2시간 15분, 울산역에서 버스를 타고 공장까지 1시간 20분이 걸리므로 KTX와 버스를 이용하면 이동시간만 총 4시간 5분이 소요된다. 오후 3시까지 도착하려면 적어도 오전 10시 45분 이전에는 출발해야 하므로 적절하지 않다.
④ 회사에서 김포공항까지 40분, 김포공항에서 울산공항까지 60분, 울산공항에서 공항 리무진 버스를 타고 공장까지 65분이 걸리므로 비행기와 공항 리무진 버스를 이용하면 총 2시간 45분이 소요된다. 하지만 회사에서 오후 12시에 출발해 김포공항에 오후 12시 40분에 도착하면 오후 1시에 비행기를 탈 수 있다. 울산공항 도착 시각은 오후 2시이며, 공장에는 오후 3시 5분에 도착하므로 적절하지 않다.

38 정답 ④

• 직접비용 : ㉠, ㉡, ㉢, ㉧
• 간접비용 : ㉢, ㉣
직접비용은 제품 또는 서비스를 창출하기 위해 직접 소비된 것으로 여겨지는 비용을 말하며, 재료비, 원료와 장비 구입비, 인건비, 출장비 등이 직접비용에 해당한다. 간접비용은 생산에 직접 관련되지 않은 비용을 말하며, 광고비, 보험료, 통신비 등이 간접비용에 해당한다.

39 정답 ③

면접에 참여하는 직원들의 휴가 일정은 다음과 같다.
• 마케팅팀 차장 : 6월 29일 ~ 7월 3일
• 인사팀 차장 : 7월 6 ~ 10일
• 인사팀 부장 : 7월 6 ~ 10일
• 인사팀 과장 : 7월 6 ~ 9일
• 총무팀 주임 : 7월 1 ~ 3일
따라서 직원들의 휴가 일정이 없는 7월 5일에 면접이 가능하다.

40

정답 ④

단가가 가장 낮은 품목부터 800개를 준비하여 100단위씩 줄어 준비한다고 하였으므로, 이에 따라 필요 금액을 계산하면 다음과 같다. 이때, 작년보다 예상 방문 고객이 20% 증가한다는 것은 문제를 푸는 것에는 관련이 없는 서술이므로 주의한다.

품목	당첨고객 수	단가	총액
갑 티슈	800명	3,500원	800×3,500 =2,800,000원
우산	700명	9,000원	700×9,000 =6,300,000원
보조 배터리	600명	10,000원	600×10,000 =6,000,000원
다도세트	500명	15,000원	500×15,000 =7,500,000원
수건세트	400명	20,000원	400×20,000 =8,000,000원
상품권	300명	30,000원	300×30,000 =9,000,000원
식기 건조대	200명	40,000원	200×40,000 =8,000,000원
전자레인지	100명	50,000원	100×50,000 =5,000,000원
계	3,600명	–	52,600,000원

따라서 올해 행사에 필요한 예상 금액은 52,600,000원이다.

41

정답 ②

미국에서는 악수를 할 때 상대의 눈이나 얼굴을 봐야 한다. 눈을 피하는 태도를 진실하지 않은 것으로 보기 때문이다. 상대방과 시선을 마주보며 대화하는 것을 실례라고 생각하는 문화를 가진 지역은 아프리카이다.

42

정답 ②

업무 순서를 나열하면 '회사 홈페이지, 관리자 페이지 및 업무용 메일 확인 – 외주업체로부터 브로슈어 샘플 디자인 받기 – 회의실 예약 후 마이크 및 프로젝터 체크 – 팀 회의 참석 – 지출결의서 총무부 제출'이다. 따라서 출근 후 두 번째로 해야 할 일은 '외주업체로부터 판촉 행사 브로슈어 샘플 디자인 받기'이다.

43

정답 ①

공식적 집단의 목표와 임무는 비교적 명확하게 규정되어 있으며, 비공식적 집단의 경우 구성원들의 필요에 따라 광범위하고 유연하게 설정된다.

오답분석

② 공식적 집단은 조직의 필요에 따라 기능적 목표를 갖고 구성되지만, 비공식적 집단은 다양한 자발적 요구들에 의해 형성된다.

③ 사내 친목회, 스터디모임 등은 공식적 집단의 구성원 간 단결력을 향상시켜 공식적 집단의 목표인 조직의 기능수행능력을 개선할 수 있다.

④ 비공식적 집단이 자발적으로 구성되는 것과 달리, 공식적 집단의 구성원은 대게 조직의 필요에 따라 인위적으로 결정된다.

44

정답 ④

비품은 기관의 비품이나 차량 등을 관리하는 총무지원실에 신청해야 하며, 교육 일정은 사내 직원의 교육 업무를 담당하는 인사혁신실에서 확인해야 한다.

오답분석

기획조정실은 전반적인 조직 경영과 조직문화 형성, 예산 업무, 이사회, 국회 협력 업무, 법무 관련 업무를 담당한다.

45

정답 ④

조직목표의 기능

• 조직이 존재하는 정당성과 합법성 제공
• 조직이 나아갈 방향 제시
• 조직구성원의 의사결정의 기준
• 조직구성원 행동수행의 동기유발
• 수행평가의 기준
• 조직설계의 기준

46

정답 ①

제품의 질은 우수하나 브랜드의 저가 이미지 때문에 매출이 좋지 않은 것이므로 선입견을 제외하고 제품의 우수성을 증명할 수 있는 블라인드 테스트를 통해 인정을 받는다. 그리고 그 결과를 홍보의 수단으로 사용하는 것이 적절하다.

47

정답 ④

전략목표를 먼저 설정하고 환경을 분석해야 한다.

48

정답 ④

목표의 층위·내용 등에 따라 우선순위가 있을 수는 있지만, 하나씩 순차적으로 처리해야 하는 것은 아니다. 즉, 조직의 목표는 동시에 여러 개가 추구될 수 있다.

49 정답 ②

(가)는 집단문화, (나)는 개발문화, (다)는 계층문화, (라)는 합리문화이다. 규칙과 법을 준수하고, 관행과 안정, 문서와 형식, 명확한 책임소재 등을 강조하는 관리적 문화의 특징을 가진 문화는 계층문화이다.

50 정답 ②

오답분석

① 분권화 : 의사결정 권한이 하급기관에 위임되는 조직구조이다.
③ 수평적 : 부서의 수가 증가하는 것으로 조직구조의 복잡성에 해당된다.
④ 공식성 : 조직구성원의 행동이 어느 정도의 규칙성, 몰인격성을 갖는지에 대한 정도를 말한다.

제3회 모의고사 정답 및 해설

01	02	03	04	05	06	07	08	09	10
④	④	③	④	①	②	④	④	④	④
11	12	13	14	15	16	17	18	19	20
②	③	①	①	②	④	①	②	③	②
21	22	23	24	25	26	27	28	29	30
④	①	②	④	④	②	③	②	①	③
31	32	33	34	35	36	37	38	39	40
④	③	③	④	③	②	④	②	②	④
41	42	43	44	45	46	47	48	49	50
②	①	③	④	④	③	①	③	②	②

01

정답 ④

제시문에 따르면 스마트시티 전략은 정보통신기술을 적극적으로 활용하여 도시의 혁신을 이끌고 도시 문제를 해결하는 것으로 볼 수 있다. ④는 물리적 기반시설 확대의 경우로, 정보통신기술의 활용과는 거리가 멀다.

02

정답 ④

졸고(Jokko → Joko) : 'kk'는 쌍기역에만 쓰며, 'ㅋ'으로 소리가 날 때는 'k' 하나만 쓴다.

03

정답 ③

ㄱ. 전결권자인 전무이사가 출장 중인 경우 대결권자가 이를 결재하고 전무이사가 후결을 하는 것이 적절하다.
ㄴ. 부서장이 전결권자이므로 해당 직원을 채용하는 부서(영업부, 자재부 등)의 부서장이 결재하는 것이 바람직하다.
ㄹ. 교육훈련 대상자 선정은 상무이사에게 전결권이 있으므로 잘못된 결재 방식이다.

04

정답 ④

주어진 조건에 따르면 1팀, 2팀, 3팀은 팀별로 번갈아가며 모내기 작업을 하고, 팀별로 시간은 겹칠 수 없으며 한번 일을 하면 2시간 연속으로 일해야 한다. 2팀의 경우 오전 9시~오후 12시, 오후 3시~오후 6시 중에서 일손을 도울 수 있는데, 오전 10시에서 오후 12시는 1팀이, 오후 2시에서 오후 4시는 3팀이 일을 하기 때문에 2팀이 일손을 도울 수 있는 시간은 오후 4시에서 오후 6시(16:00~18:00)이다.

시간	팀별 스케줄		
	1팀	2팀	3팀
09:00 ~ 10:00	상품기획 회의		시장조사
10:00 ~ 11:00	일손 돕기		
11:00 ~ 12:00			비품 요청
12:00 ~ 13:00	점심시간		
13:00 ~ 14:00			사무실 청소
14:00 ~ 15:00	업무지원	상품기획 회의	일손 돕기
15:00 ~ 16:00			
16:00 ~ 17:00	경력직 면접	일손 돕기	마케팅 전략 회의
17:00 ~ 18:00			

05

정답 ①

두 번째 조건에서 경유지는 서울보다 +1시간, 출장지는 경유지보다 -2시간이므로 서울과 -1시간 차이다.
K대리가 서울에서 경유지를 거쳐 출장지까지 가는 과정을 서울 시각 기준으로 정리하면 다음과 같다.
서울 5일 오후 1시 35분 출발 → 오후 1시 35분+3시간 45분=오후 5시 20분 경유지 도착 → 오후 5시 20분+3시간 50분(대기시간)=오후 9시 10분 경유지에서 출발 → 오후 9시 10분+9시간 25분=6일 오전 6시 35분 출장지 도착
따라서 출장지에 도착했을 때 현지 시각은 서울보다 1시간 느리므로 오전 5시 35분이다.

06 정답 ②

ㄴ. 2022년 대형 자동차 판매량의 전년 대비 감소율은 $\dfrac{185.0-186.1}{186.1}\times100 ≒ -0.6\%$이다.

ㄷ. 3년 동안 SUV 자동차의 총 판매량은 $452.2+455.7+450.8=1,358.7$천 대이고, 대형 자동차의 총 판매량은 $186.0+185+177.6=548.7$천 대이다. 이때, 대형 자동차 총 판매량의 2.5배는 $548.7\times2.5=1,371.75$이므로 3년 동안 SUV 자동차의 총 판매량은 대형 자동차 총 판매량의 2.5배 이하이다.

오답분석

ㄱ. 2021 ~ 2023년 동안 판매량이 지속적으로 감소하는 차종은 '대형' 1종류이다.

ㄹ. 2023년 판매량이 2022년 대비 증가한 차종은 '준중형'과 '중형'이다. 두 차종의 증가율을 비교하면 준중형 $\dfrac{180.4-179.2}{179.2}\times100≒0.7\%$, 중형 $\dfrac{205.7-202.5}{202.5}\times100≒1.6\%$이므로 중형이 가장 높은 증가율을 나타낸다.

07 정답 ④

알파벳 순서에 따라 숫자로 변환하면 다음과 같다.

A	B	C	D	E	F	G
1	2	3	4	5	6	7
H	I	J	K	L	M	N
8	9	10	11	12	13	14
O	P	Q	R	S	T	U
15	16	17	18	19	20	21
V	W	X	Y	Z	−	
22	23	24	25	26	−	

'INTELLECTUAL'의 품번을 규칙에 따라 정리하면 다음과 같다.
- 1단계 : 9(I), 14(N), 20(T), 5(E), 12(L), 12(L), 5(E), 3(C), 20(T), 21(U), 1(A), 12(L)
- 2단계 : $9+14+20+5+12+12+5+3+20+21+1+12=134$
- 3단계 : $|(14+20+12+12+3+20+12)-(9+5+5+21+1)|=|93-41|=52$
- 4단계 : $(134+52)\div4+134=46.5+134=180.5$
- 5단계 : 180.5를 소수점 첫째 자리에서 버림하면 180이다.

따라서 제품의 품번은 '180'이다.

08 정답 ④

첫 번째 문단에서 '카타르시스'와 니체가 말한 비극의 기능을 제시한 뒤 비극을 즐기는 이유를 설명하고 있다.

09 정답 ④

오답분석

① '왜?'라는 질문은 보통 진술을 가장한 부정적·추궁적·강압적인 표현이므로 사용하지 않는 것이 좋다.

② 요약하는 기술은 상대방에 대한 자신의 이해의 정확성을 확인하는 데 도움이 된다.

③ 상대방이 하는 말의 어조와 억양, 소리의 크기까지도 귀를 기울이는 방법이다.

10 정답 ④

홈페이지 운영 등은 정보사업팀에서 한다.

오답분석

① 1개의 감사실과 11개의 팀으로 되어 있다.

② 예산기획과 경영평가는 전략기획팀에서 관리한다.

③ 경영평가(전략기획팀), 성과평가(인재개발팀), 품질평가(평가관리팀) 등 다른 팀에서 담당한다.

11 정답 ②

품질평가 관련 민원은 평가관리팀이 담당하고 있다.

12 정답 ③

대표의 옆방에는 부장이 묵어야 하므로 대표는 오직 111호에만 묵을 수 있으며, 110호에는 총무팀의 박부장이 배정받는다. 따라서 생산팀의 장과장은 111호에 묵을 수 없다.

오답분석

① 두 번째 조건에서 같은 부서는 마주보는 방을 배정받을 수 없으므로 인사팀의 유과장은 105호에 배정받을 수 없다.

② 만약 105호에 생산팀의 장과장이 배정받으면 인사팀의 유과장은 102·107호에 배정받을 수 있으므로, 102호 또는 107호에 배정받으면 104호는 빈 방으로 남을 수 있다.

④ 111호에 대표가 묵는다고 했으므로 총무팀의 박부장은 110호로 배정받는다.

13 정답 ①

구급차를 타고 이동할 경우 $\dfrac{225}{100}=2.25$시간, 즉 $\left(2+\dfrac{15}{60}\right)$시간 $=2$시간 15분이 걸린다. 응급헬기를 타고 이동할 경우 $\dfrac{70}{280}=0.25$시간$=15$분 만에 응급실에 도착할 수 있다. 따라서 K씨가 쓰러진 지점부터 들것에 실려 구급차를 타고 응급실에 가는 데 이동 시간은 총 2시간 35분이므로, 응급헬기 이용 시 구급차보다 2시간 35분$-$15분$=$2시간 20분 더 빨리 응급실에 도착한다.

14

판매된 A, B, C도시락의 수를 각각 a, b, c개라고 하자.

오전 중 판매된 세 도시락의 수는 총 28개이므로

$a+b+c=28 \cdots \text{㉠}$

B도시락은 A도시락보다 한 개 더 많이 팔렸으므로

$b=a+1 \cdots \text{㉡}$

C도시락은 B도시락보다 두 개 더 많이 팔렸으므로

$c=b+2 \rightarrow c=a+3 \cdots \text{㉢}$

㉠에 ㉡과 ㉢을 대입하면

$a+a+1+a+3=28$

$\rightarrow 3a=24$

$\therefore a=8$

15

정답 ②

유사성의 원칙은 유사품을 인접한 장소에 보관한다는 것을 말한다. 같은 장소에 보관하는 것은 동일한 물품이다.

오답분석

① 물적자원관리 과정에서 첫 번째로 해야 할 일은 사용 물품과 보관 물품의 구분이며, 물품 활용의 편리성과 반복 작업 방지를 위해 필요한 작업이다.

③ 물품 분류가 끝났으면 적절하게 보관장소를 선정해야 하는데, 물품의 특성에 맞게 분류하여 보관하는 것이 바람직하다. 재질의 차이로 분류하는 방법도 옳은 방법이다.

④ 회전대응 보관 원칙에 대한 옳은 정의이다. 물품 보관 장소까지 선정이 끝나면 차례로 정리하면 된다. 여기서 회전대응 보관 원칙을 지켜야 물품 활용도가 높아질 수 있다.

16

정답 ④

게임 규칙과 결과를 토대로 경우의 수를 따져보면 다음과 같다.

라운드	벌칙 제외	총 퀴즈 개수
3	A	15
4	B	19
5	C	21
	D	
	C	22
	E	
	D	22
	E	

ㄴ. 총 22개의 퀴즈가 출제되었다면, E가 정답을 맞혀 벌칙에서 제외된 것이다.

ㄷ. 게임이 종료될 때까지 총 21개의 퀴즈가 출제되었다면 C, D가 벌칙에서 제외된 경우로 5라운드에서 E에게는 정답을 맞힐 기회가 주어지지 않았다. 따라서 퀴즈를 푸는 순서가 벌칙을 받을 사람 선정에 영향을 미친다.

오답분석

ㄱ. 5라운드까지 4명의 참가자가 벌칙에서 제외되었으므로 정답을 맞힌 퀴즈는 8개, 벌칙을 받을 사람은 5라운드까지 정답을 맞힌 퀴즈는 0개나 1개이므로 정답을 맞힌 퀴즈는 8개나 9개이다.

17

정답 ①

서약서 집행 담당자는 보안담당관이다. 보안담당관은 총무국장이므로 서약서는 이사장이 아닌 총무국장에게 제출해야 한다.

18

정답 ②

조사 기간 동안 한 번도 0%를 기록하지 못한 곳은 강원, 경남, 대전, 부산, 울산, 충남 총 6곳이다.

오답분석

① 광주가 7.37%로 가장 적다.

③ 자료를 통해 쉽게 확인할 수 있다.

④ 조사 기간 동안 가장 높은 예산 비중을 기록한 지역은 2021년 수도권으로, 비중은 23.71%이다.

19

정답 ③

2019년부터 2023년까지 유출된 예산 비중의 총합이 가장 큰 지역은 강원으로, 총합은 43.33%이고 평균은 $\frac{43.33}{5}≒8.7\%$이다.

20

정답 ②

ㄱ. 자료를 통해 쉽게 확인할 수 있다.

ㄹ. 2019년 강원의 유출된 예산 비중은 21.9%로, 다른 모든 지역의 비중의 합인 18.11%보다 높다.

오답분석

ㄴ. 지역별로 유출된 예산 비중의 총합이 가장 높은 연도는 2021년이다.

ㄷ. 2021년에 전년 대비 유출된 예산 비중이 1%p 이상 오르지 못한 곳은 경남, 광주, 대전 총 3곳이다.

21

정답 ④

선택지에 따른 교통편을 이용할 때, 본사에 도착하는 데 걸리는 시간은 다음과 같다.

① 버스 – 택시 : 9시 5분 ~ 10시 5분(버스) → 10시 5분 ~ 10시 35분(택시)

② 지하철 – 버스 : 9시 10분 ~ 9시 55분(지하철) → 10시 20분 ~ 10시 45분(버스)

③ 자가용 – 지하철 : 9시 ~ 10시 20분(자가용) → 10시 50분 ~ 11시 5분(지하철)

④ 지하철 – 택시 : 9시 10분 ~ 9시 55분(지하철) → 9시 55분 ~ 10시 25분(택시)

따라서 지하철을 타고 고속터미널로 간 다음 택시를 타는 ④가 가장 빨리 도착하는 방법이다.

22 정답 ①

SWOT 분석은 내부 환경요인과 외부 환경요인의 2개의 축으로 구성되어 있다. 내부 환경요인은 자사 내부의 환경을 분석하는 것으로, 자사의 강점과 약점으로 분석된다. 외부 환경요인은 자사 외부의 환경을 분석하는 것으로, 기회와 위협으로 구분된다.

23 정답 ②

도색이 벗겨진 차선과 지워지기 직전의 흐릿한 차선은 현재 직면하고 있으면서 바로 해결 방법을 찾아야 하는 문제이므로 눈에 보이는 발생형 문제에 해당한다. 발생형 문제는 기준을 일탈함으로써 발생하는 일탈 문제와 기준에 미달하여 생기는 미달 문제로 나누어 볼 수 있는데, 기사에서는 정해진 규격 기준에 미달하는 불량 도료를 사용하여 문제가 발생하였다고 하였으므로 이를 미달 문제로 분류할 수 있다. 따라서 기사에 나타난 문제는 발생형 문제로, 미달 문제에 해당한다.

24 정답 ④

앞의 항에 $+2^0 \times 10$, $+2^1 \times 10$, $+2^2 \times 10$, $+2^3 \times 10$, $+2^4 \times 10$, $+2^5 \times 10$, …을 더하는 수열이다.

따라서 (　　)$=632+2^6 \times 10=632+640=1,272$이다.

25 정답 ④

㉠ 고객 데이터 수치는 시트 제목을 '상반기 고객 데이터 수치'라고 적고 함수를 사용해 평균을 구해야 하므로 스프레드 시트가 적절하다.

㉣ 고객 마케팅 관련 설명문은 줄글로 자간과 본문 서체를 설정해 작성하라고 하였으므로 워드가 적절하다.

㉤ 마케팅 사례를 다양한 효과를 사용해 발표해야 한다고 하였으므로 PPT가 적절하다.

오답분석

㉡・㉢ 마케팅 설명문은 따로 워드로 저장해서 달라고 요청하였으므로 적절하지 않다.

26 정답 ③

항목별 예산 관리는 전년도 예산을 기준으로 하며 점진주의적인 특징이 있기 때문에 예산 증감의 신축성이 없다는 것이 단점이다.

27 정답 ②

제시문은 윤리적 상대주의가 참이라는 결론을 내리기 위한 논증이다. 어떤 행위에 대한 문화 간의 지속적인 시비 논란(윤리적 판단)은 사람들의 윤리적 기준 차이에 의하여 한 문화 안에서 시대마다 다르기도 하고, 동일한 문화와 시대 안에서도 다를 수 있다. 그러므로 올바른 윤리적 기준은 그것을 적용하는 사람에 따라 상대적이고, 윤리적 상대주의가 참이라는 논증이다. 따라서 이 논증의 반박은 '절대적 기준에 의한 보편적 윤리 판단은 존재한다.'가 되어야 한다. 그러나 ②는 '윤리적 판단이 항상 서로 다른 것은 아니다.'라는 내용이다. 제시문에서도 윤리적 판단이 '~ 다르기도 하다.', '다른 윤리적 판단을 하는 경우를 볼 수 있다.'고 했지 '항상 다르다.'고는 하지 않았다. 따라서 ②는 제시문에 대한 옳은 반박이 아니다.

28 정답 ③

포크와 나이프는 몸에서 가장 바깥쪽에 있는 것부터 사용한다.

29 정답 ①

조건을 충족하는 경우를 표로 나타내보면 다음과 같다.

구분	첫 번째	두 번째	세 번째	네 번째	다섯 번째	여섯 번째
경우 1	교육	보건	농림	행정	국방	외교
경우 2	교육	보건	농림	국방	행정	외교
경우 3	보건	교육	농림	행정	국방	외교
경우 4	보건	교육	농림	국방	행정	외교

따라서 교육부는 항상 첫 번째 또는 두 번째에 감사를 시작한다.

오답분석

② 경우 3, 4에서 보건복지부는 첫 번째로 감사를 시작한다.

③ 농림축산식품부보다 늦게 감사를 받는 부서는 3개, 일찍 받는 부서는 2개로, 늦게 감사를 받는 부서의 수가 많다.

④ 경우 1, 3에서 국방부는 행정안전부보다 감사를 늦게 받는다.

30 정답 ③

논리의 흐름에 따라 순서를 나열해 보면, '문화 변동은 수용 주체의 창조적・능동적 측면과 관련되어 이루어짐 → ㉢ 수용 주체의 창조적・능동적 측면은 외래문화 요소의 수용을 결정지음 → ㉢ 문화의 창조적・능동적 측면은 내부의 결핍 요인을 자체적으로 극복하려 노력하나 그렇지 못할 경우 외래 요소를 수용함 → ㉠ 결핍 부분에 유용한 부분만을 선별적으로 수용함 → 외래문화는 수용 주체의 내부 요인에 따라 수용 여부가 결정됨'과 같이 된다.

31 정답 ④

조직의 구조, 기능, 규정 등이 조직화되어 있는 것은 공식조직이며, 비공식조직은 개인들의 협동과 상호작용에 따라 형성된 자발적인 집단으로 볼 수 있다. 공식조직은 인간관계에 따라 형성된 비공식조직으로부터 시작되지만, 조직의 규모가 커지면서 점차 조직구성원들의 행동을 통제할 장치를 마련하게 되고, 이를 통해 공식화된다.

32 정답 ③

비영리조직은 공익을 추구하는 특징을 가진다. 기업은 이윤을 목적으로 하는 영리조직이다.

33 정답 ③

ㄴ. 제시문은 식탁을 어떻게 생산해야 더 경제적일지 고민하는 글이다.
ㄷ. 1) A기계를 선택할 경우
 • 임금 : $10 \times 8,000 = 80,000$원
 • 임대료 : $10,000$원
 • 총비용 : $90,000$원
 2) B기계를 선택할 경우
 • 임금 : $7 \times 8,000 = 56,000$원
 • 임대료 : $20,000$원
 • 총비용 : $76,000$원
 따라서 B기계를 사용하는 것이 더 효율적이며 시장가격이 $100,000$원이므로 생산비가 $76,000$원이면 $24,000$원의 이윤이 발생한다.

34 정답 ④

원가를 x원이라고 하면, 정가는 $(x+3,000)$원이다.
정가에서 20%를 할인하여 5개 팔았을 때 순이익과 조각 케이크 1조각당 정가에서 $2,000$원씩 할인하여 4개를 팔았을 때의 매출액이 같으므로
$5 \times [0.8 \times (x+3,000)-x] = 4 \times (x+3,000-2,000)$
$\rightarrow 5(-0.2x+2,400) = 4x+4,000$
$\rightarrow 5x = 8,000$
$\therefore x = 1,600$
따라서 정가는 $1,600+3,000 = 4,600$원이다.

35 정답 ③

네 번째 조건에 따라 삼순이는 가장 낮은 D학점을 받았다. 그리고 두 번째와 세 번째 조건에 따라 영희를 기준으로 더 낮은 학점인 C학점을 돌이가, 더 높은 학점인 A학점을 철수가 받았다. 따라서 철수는 A학점을, 영희는 B학점을, 돌이는 C학점을, 삼순이는 D학점을 받았다.

36 정답 ②

제시문은 우리나라 여성의 고용 비율이 남성보다 낮기 때문에 여성의 고용에 대한 배려가 필요하다는 글이다. 따라서 '(다) 남성보다 여성의 고용 비율이 현저히 낮은 실상 → (가) 남녀 고용 평등의 확대를 위한 채용 목표제의 강화 필요 → (마) 역차별이라는 주장과 현실적인 한계 → (나) 대졸 이상 여성의 고용 비율이 OECD 국가 중 최하위인 우리나라의 현실 → (라) 강화된 법규가 준수될 수 있도록 정부의 계도와 감독 기능의 강화 필요' 순서로 나열되어야 한다.

37 정답 ④

• (가) $= 723 - (76+551) = 96$
• (나) $= 824 - (145+579) = 100$
• (다) $= 887 - (137+131) = 619$
• (라) $= 114+146+688 = 948$
$\therefore$ (가)$+$(나)$+$(다)$+$(라)$= 96+100+619+948 = 1,763$

38 정답 ②

• 국문 명함 중 50장이 고급종이로 제작되었으므로 일반종이로 제작된 명함의 수량은 $130-50 = 80$장이다.
 (1인당 국문 명함 제작비)$=$(일반종이 80장)$+$(고급종이 50장)
 $=[10,000+(2,500 \times 3)]+(10,000 \times 1.1) = 28,500$원
• 영문 명함의 수량 : 70장
 (1인당 영문 명함 제작비)$=15,000+(3,500 \times 2) = 22,000$원
따라서 1인당 명함 제작비는 $28,500+22,000 = 50,500$원이다.
총비용은 $808,000$원이므로 신입사원의 수는 $808,000 \div 50,500 = 16$명이다.

39 정답 ②

미술과 수학을 신청한 학생의 비율 차이는 $16-14 = 2$%p이고, 방과 후 학교를 신청한 전체 학생은 200명이다. 따라서 수학을 선택한 학생 수는 미술을 선택한 학생 수보다 $200 \times 0.02 = 4$명 더 적다.

40 정답 ④

인사팀의 주요 업무로는 근태관리 · 채용관리 · 인사 · 교육 관리 등이 있다. 인사기록카드 작성은 인사팀의 업무인 인사 관리에 해당하는 부분이므로 인사팀에 제출하는 것이 적절하다. 한편 총무팀은 회사의 재산 등과 관련된 전반적 업무를 총괄한다. 회사의 부서 구성을 보았을 때 비품 구매는 총무팀의 소관 업무로 보는 것이 적절하다.

41

정답 ②

면접평가 결과를 점수로 변환하면 다음과 같다.

평가요소	A	B	C	D	E
의사소통능력	100	100	100	80	50
문제해결능력	80	75	100	75	95
조직이해능력	95	90	60	100	90
대인관계능력	50	100	80	60	85

변환된 점수에 최종 합격자 선발기준에 따른 평가비중을 곱하여 최종 점수를 도출하면 다음과 같다.

- A : $100 \times 0.4 + 80 \times 0.3 + 95 \times 0.2 + 50 \times 0.1 = 88$점
- B : $100 \times 0.4 + 75 \times 0.3 + 90 \times 0.2 + 100 \times 0.1 = 90.5$점
- C : $100 \times 0.4 + 100 \times 0.3 + 60 \times 0.2 + 80 \times 0.1 = 90$점
- D : $80 \times 0.4 + 75 \times 0.3 + 100 \times 0.2 + 60 \times 0.1 = 80.5$점
- E : $50 \times 0.4 + 95 \times 0.3 + 90 \times 0.2 + 85 \times 0.1 = 75$점

따라서 최종 합격자는 상위자 2명이므로 B, C가 선발된다.

42

정답 ①

①은 인사 관련 업무이다. 기획부는 경영계획 및 전략 수립, 전사 기획업무 종합 및 조정, 중·장기 사업계획의 종합 및 조정 등을 담당한다.

43

정답 ③

제시문에서 레비스트로스는 신화 자체의 사유 방식이나 특성을 특정 시대의 것으로 한정하는 오류를 범하고 있다고 언급하였다. 과거 신화시대에 생겨난 신화적 사유는 신화가 재현되고 재생되는 한 여전히 시간과 공간을 뛰어 넘어 현재화되고 있다.

44

정답 ④

K씨의 생활을 살펴보면 출퇴근길에 자가용을 사용하고 있으며, 주유비에 대해서 부담을 가지고 있다. 그리고 곧 겨울이 올 것을 대비해 차량 점검을 할 예정이다. 이러한 사항을 고려해 볼 때 K씨는 자동차와 관련된 혜택을 받을 수 있는 D카드를 선택하는 것이 가장 적절하다고 볼 수 있다.

45

정답 ④

가장 높은 등급을 1등급, 가장 낮은 등급을 5등급이라 하면 네 번째 조건에 의해 A는 3등급을 받는다. 또한 첫 번째 조건에 의해 E는 4등급 또는 5등급이다. 이때, 두 번째 조건에 의해 C가 5등급, E가 4등급을 받고, 세 번째 조건에 의해 B는 1등급, D는 2등급을 받는다. 따라서 발송 대상자는 등급이 가장 낮은 C와 E이다.

46

정답 ③

각 조에서 팀별로 한 번씩 경기를 치러야 하므로 조별 경기 수는 $_6C_2 = \dfrac{6 \times 5}{2 \times 1} = 15$경기이다. 1경기를 치르면 각 팀은 승무패 중 하나의 결과를 얻는다. 그러므로 한 조의 승무패의 합은 $15 \times 2 = 30$이 되고, 승과 패의 수는 같아야 한다. 이를 활용하여 경기 결과를 도출할 수 있고, 승점을 계산하면 다음과 같다.

1조			2조		
팀	결과	승점	팀	결과	승점
A	1승 4무	$1 \times 2 + 4 \times 1$ $= 6$점	G	3승 2패	$3 \times 2 + 2 \times 0$ $= 6$점
B	4승 1무	$4 \times 2 + 1 \times 1$ $= 9$점	H	2승 2무 1패	$2 \times 2 + 2 \times 1$ $+ 1 \times 0 = 6$점
C	1무 4패	$1 \times 1 + 4 \times 0$ $= 1$점	I	2승 1무 2패	$2 \times 2 + 1 \times 1$ $+ 2 \times 0 = 5$점
D	2무 3패	$2 \times 1 + 3 \times 0$ $= 2$점	J	3승 1무 1패	$3 \times 2 + 1 \times 1$ $+ 1 \times 0 = 7$점
E	3승 1무 1패	$3 \times 2 + 1 \times 1$ $+ 1 \times 0 = 7$점	K	1무 4패	$1 \times 1 + 4 \times 0$ $= 1$점
F	2승 1무 2패	$2 \times 2 + 1 \times 1$ $+ 2 \times 0 = 5$점	L	1승 3무 1패	$1 \times 2 + 3 \times 1$ $+ 1 \times 0 = 5$점

따라서 결승에 진출하는 팀은 1조의 B팀과 2조의 J팀이다.

47

정답 ①

조직이 생존하기 위해서는 급변하는 환경에 적응하여야 한다. 이를 위해서는 원칙이 확립되어 있고 고지식한 기계적 조직보다는 운영이 유연한 유기적 조직이 적절하다.

오답분석

② 대규모 조직은 소규모 조직과는 다른 조직구조를 갖게 되는데, 대규모 조직은 소규모 조직에 비해 업무가 전문화·분화되어 있고 많은 규칙과 규정이 존재하게 된다.

③ 조직 활동의 결과에 따라 조직의 성과와 조직만족이 결정되며, 그 수준은 조직구성원들의 개인적 성향과 조직문화의 차이에 따라 달라진다.

④ 조직구조의 중요 요인 중 하나인 기술은 조직이 투입요소를 산출물로 전환시키는 지식, 기계, 절차 등을 의미하며, 소량생산기술을 가진 조직은 유기적 조직구조를, 대량생산기술을 가진 조직은 기계적 조직구조를 가진다.

48

빈칸의 내용 때문에 불꽃의 색을 분리시키는 분석법을 창안해 냈으므로 불꽃의 색이 여럿 겹쳐 보이는 게 문제였음을 추측할 수 있다.

49

정답 ②

첫 번째, 네 번째 조건에 의해 A는 F와 함께 가야 한다. 그러면 두 번째 조건에 의해 B는 D와 함께 가야 하고, 세 번째 조건에 의해 C는 E와 함께 가야 한다.

50

정답 ②

2)를 근거로 ㈏가 나타나지 않으면 ㈐는 나타나지 않는다.
3)을 근거로 ㈏ 또는 ㈐가 나타나지 않으면 ㈑는 나타나지 않는다.
주어진 조건에 따라 이상 징후 발견 표를 작성하면 다음과 같다.

구분	㉮	㉯	㉰	㉱	㉲
A	○		○	×	×
B	○	○	○	○	
C	○	×	○	×	×
D	×	○	×		
E	×	×	×	×	×

따라서 투자 부적격 기업은 B이다.

경기도 공공기관 통합채용 필기시험

제4회 모의고사 정답 및 해설

01	02	03	04	05	06	07	08	09	10
③	④	②	④	③	③	②	①	④	②
11	12	13	14	15	16	17	18	19	20
③	②	④	②	④	①	②	②	③	③
21	22	23	24	25	26	27	28	29	30
①	①	②	③	④	③	①	②	③	②
31	32	33	34	35	36	37	38	39	40
④	④	①	④	④	③	④	④	③	③
41	42	43	44	45	46	47	48	49	50
①	②	④	④	④	③	③	①	③	③

01
정답 ③

㉠ 한 개의 사안은 한 장의 용지에 작성하는 것이 원칙이다.
㉢ 참고자료는 반드시 필요한 내용만 첨부하여 산만하지 않게 하여야 한다.
㉣ 금액, 수량, 일자의 경우 정확하게 기재하여야 한다.

02
정답 ④

같은 시간 동안 혜영이와 지훈이의 이동거리의 비가 3 : 4이므로 속력의 비 또한 3 : 4이다.

따라서 혜영이의 속력을 $x\,/min$이라 하면 지훈이의 속력은 $\frac{4}{3}x\,/min$이다.

같은 지점에서 같은 방향으로 출발하여 다시 만날 때 두 사람의 이동거리의 차이는 1,800m이므로 식을 세우면 다음과 같다.

$\frac{4}{3}x \times 15 - x \times 15 = 1,800$

$\rightarrow 5x = 1,800$

$\therefore x = 360$

따라서 혜영이가 15분 동안 이동한 거리는 $360 \times 15 = 5,400m$이고, 지훈이가 15분 동안 이동한 거리는 $480 \times 15 = 7,200m$이므로 두 사람이 이동한 거리의 합은 12,600m이다.

03
정답 ②

'눈에 쌍심지를 켜다.'는 '몹시 화가 나서 눈을 부릅뜨는 것'을 의미하는 말이므로 ②의 쓰임은 적절하지 않다.

① 눈 가리고 아웅하다. : 얕은수로 남을 속이려 함
③ 눈에 헛거미가 잡히다. : 욕심에 눈이 어두워 사물을 바로 보지 못함
④ 눈에 흙이 들어가다. : 죽어서 땅에 묻힘

04
정답 ④

의사의 왼쪽 자리에 앉은 사람이 검은색 원피스를 입었고 여자이므로, 의사가 여자인 경우와 남자인 경우로 나눌 수 있다.

• 의사가 여자인 경우
검은색 원피스를 입은 여자가 교사가 아닌 경우와 교사인 경우로 나눌 수 있다.
ⅰ) 검은색 원피스를 입은 여자가 교사가 아닌 경우 : 의사가 밤색 티셔츠를 입고, 반대편에 앉은 남자가 교사가 되며, 그 옆의 남자가 변호사이고 하얀색 니트를 입는다. 그러면 검은색 원피스를 입은 여자가 자영업자가 되어야 하는데, 다섯 번째 조건에 따르면 자영업자는 남자이므로 주어진 조건에 어긋난다.
ⅱ) 검은색 원피스를 입은 여자가 교사인 경우 : 건너편에 앉은 남자는 밤색 티셔츠를 입었고 자영업자이며, 그 옆의 남자는 변호사이고 하얀색 니트를 입는다. 이 경우 의사인 여자는 남성용인 파란색 재킷을 입어야 하므로 주어진 조건에 어긋난다.

• 의사가 남자인 경우
검은색 원피스를 입은 여자가 교사가 아닌 경우와 교사인 경우로 나눌 수 있다.
ⅰ) 검은색 원피스를 입은 여자가 교사가 아닌 경우 : 검은색 원피스를 입은 여자가 아닌 또 다른 여자가 교사이고, 그 옆에 앉은 남자는 자영업자이다. 이 경우 검은색 원피스를 입은 여자가 변호사가 되는데, 네 번째 조건에 따르면 변호사는 하얀색 니트를 입어야 하므로 주어진 조건에 어긋난다.
ⅱ) 검은색 원피스를 입은 여자가 교사인 경우 : 검은색 원피스를 입은 여자의 맞은편에 앉은 남자는 자영업자이고 밤색 니트를 입으며, 그 옆에 앉은 여자는 변호사이고 하얀색 니트를 입는다. 따라서 의사인 남자는 파란색 재킷을 입고, 모든 조건이 충족된다.

따라서 모든 조건을 충족할 때 의사는 파란색 재킷을 입는다.

05 정답 ③

대표적인 직접비용으로는 재료비, 원료와 장비비, 시설비, 여행(출장)비와 잡비, 인건비가 있고, 간접비용으로는 보험료, 건물관리비, 광고비, 통신비, 사무비품비, 각종 공과금이 있다. ③은 직접비용에 해당되나, 그 외 ①·②·④는 간접비용에 해당된다.

06 정답 ③

홍보팀은 브로슈어 제작을 위해 사내 디자인 공모전이 아니라 외주 업체 탐색과 외주 업체를 대상으로 디자인 공모를 할 예정이다.

07 정답 ②

우선 회의에서 도출된 2월 행사 관련 보안 사항을 정리한 후 보고서를 작성해야 한다(㉠). 그 후 팀별 개선 방안 및 업무 진행 방향을 체크하고(㉣), 브로슈어 제작 관련 외주 업체 탐색 및 디자인 공모전을 개최해야 한다(㉢). 마지막으로 이 모든 사항을 바탕으로 3월 데이 행사 기획안을 작성한 후 보고해야 한다(㉡).

08 정답 ①

A와 B를 기준으로 조건을 정리하면 다음과 같다.
• A : 디자인을 잘하면 편집을 잘하고, 편집을 잘하면 영업을 잘한다. 영업을 잘하면 기획을 못한다.
• B : 편집을 잘하면 영업을 잘한다. 영업을 잘하면 기획을 못한다.
따라서 조건에 따르면 A만 옳다.

09 정답 ④

④는 제시문 전체를 통해서 확인할 수 있으나, 나머지는 제시문의 내용에 어긋난다.

10 정답 ②

초고령화 사회는 실버산업(기업)의 외부환경 요소로 볼 수 있으므로, 기회 요인으로 보는 것이 적절하다.

오답분석
① 제품의 우수한 품질은 기업의 내부환경 요소로 볼 수 있으므로, 강점 요인으로 보는 것이 적절하다.
③ 기업의 비효율적인 업무 프로세스는 기업의 내부환경 요소로 볼 수 있으므로, 약점 요인으로 보는 것이 적절하다.
④ 살균제 달걀 논란은 빵집(기업)을 기준으로 외부환경 요소로 볼 수 있으므로, 위협 요인으로 보는 것이 적절하다.

11 정답 ③

오늘 아침의 상황 중 은희의 취향과 관련된 부분은 다음과 같다.
• 스트레스를 받음
• 배가 고픔
• 피곤한 상황
• 커피만 마심
• 휘핑크림은 넣지 않음
먼저 스트레스를 받았다고 하였으므로 휘핑크림이나 우유거품을 추가해야 하지만, 마지막 상황에서 휘핑크림을 넣지 않는다고 하였으므로 우유거품만 추가함을 알 수 있다. 또한 배가 고픈 상황이므로 데운 우유가 들어간 커피를 마시게 된다. 따라서 은희는 이 모두를 포함한 카푸치노를 주문할 것이다.

12 정답 ②

A, B, C, D항목의 점수를 각각 a, b, c, d점이라고 하자.
각 가중치에 따른 점수는 다음과 같다.
$a+b+c+d=82.5\times4=330\cdots$ ㉠
$2a+3b+2c+3d=83\times10=830\cdots$ ㉡
$2a+2b+3c+3d=83.5\times10=835\cdots$ ㉢
㉠과 ㉡을 연립하면
$a+c=160\cdots$ ⓐ
$b+d=170\cdots$ ⓑ
㉠과 ㉢을 연립하면
$c+d=175\cdots$ ⓒ
$a+b=155\cdots$ ⓓ
각 항목의 만점은 100점이므로 ⓐ와 ⓓ를 통해 최저점이 55점이나 60점인 것을 알 수 있다. 만약 A항목이나 B항목의 점수가 55점이라면 ⓐ와 ⓑ에 의해 최고점이 100점 이상이 되므로 최저점은 60점인 것을 알 수 있다.
따라서 $a=60$, $c=100$이고, 최고점과 최저점의 차는 $100-60=40$점이다.

13 정답 ④

• 2022년 총투약일수가 120일인 경우
  종합병원의 총약품비 : $2,025\times120=243,000$원
• 2023년 총투약일수가 150일인 경우
  상급종합병원의 총약품비 : $2,686\times150=402,900$원
따라서 구하는 값은 $243,000+402,900=645,900$원이다.

14 정답 ②

주어진 조건을 기호로 정리하면 다음과 같다.
• $\sim$A → B
• A → $\sim$C
• B → $\sim$D
• $\sim$D → E

E가 행사에 참여하지 않는 경우, 네 번째 조건의 대우인 ~E → D에 따라 D가 행사에 참여한다. D가 행사에 참여하면 세 번째 조건의 대우인 D → ~B에 따라 B는 행사에 참여하지 않는다. 또한 B가 행사에 참여하지 않으면 첫 번째 조건의 대우에 따라 A가 행사에 참여하고, A가 행사에 참여하면 두 번째 조건에 따라 C는 행사에 참여하지 않는다. 따라서 E가 행사에 참여하지 않을 경우 행사에 참여 가능한 사람은 A와 D 2명이다.

15   정답 ④

체육대회는 주말에 한다고 하였으므로 평일과 비가 오는 장마기간은 제외한다. 7월 12일과 13일에는 사장이 출장으로 자리를 비우고, 마케팅팀이 출근해야 하므로 적절하지 않다. 7월 19일은 서비스팀이 출근해야 하며, 7월 26일은 마케팅팀이 출근해야 한다. 또한, K운동장은 둘째, 넷째 주말에는 개방하지 않으므로 7월 27일을 제외하면 남은 날은 7월 20일이다.

16   정답 ①

제시문에 따르면 종전의 공간 모형은 암세포들 간 유전 변이를 잘 설명하지 못하였는데, 새로 개발된 컴퓨터 설명 모형은 모든 암세포들이 왜 그토록 많은 유전 변이들을 갖고 있으며, '주동자 변이'가 어떻게 전체 종양에 퍼지게 되는지를 잘 설명해 준다고 하였다. 따라서 컴퓨터 설명 모형이 종전의 공간 모형보다 암세포의 유전 변이를 더 잘 설명하는 것을 알 수 있다.

오답분석

ㄴ. 첫 번째 문단에 따르면 종전의 공간 모형은 종양의 3차원 공간 구조를 잘 설명하였으나, 공간 모형이 컴퓨터 설명 모형보다 더 잘 설명하는지에 대한 언급은 없다.

ㄷ. 두 번째 문단에서 종전의 공간 모형에 따르면 암세포는 다른 세포를 올라타고서만 다른 곳으로 옮겨갈 수 있다고 하였으므로 암세포의 자체 이동 능력을 인정하지 않은 것을 알 수 있다.

17   정답 ②

각 항을 3개씩 묶고 각각 A B C라고 하면 다음과 같다.
A B C → $B=(A+C)\div3$

따라서 (   )$=(12-1)\div3=\dfrac{11}{3}$ 이다.

18   정답 ②

• 평균 통화시간이 6 ~ 9분인 여자의 수 : $400\times\dfrac{18}{100}=72$명

• 평균 통화시간이 12분 이상인 남자의 수 : $600\times\dfrac{10}{100}=60$명

$\therefore \dfrac{72}{60}=1.2$배

19   정답 ③

교육 홍보물의 교육내용은 '연구개발의 성공을 보장하는 R&D 기획서 작성'과 'R&D 기획서 작성 및 사업화 연계'이므로 A사원이 속한 부서의 업무는 R&D 연구 기획과 사업 연계이다. 따라서 장비 활용 지원은 부서의 수행업무로 적절하지 않다.

20   정답 ③

교육을 바탕으로 기획서를 작성하여 성과를 내는 것은 교육의 효과성으로, 이는 교육을 받은 회사 또는 사람의 역량이 가장 중요하다. 홍보물과 관련이 적은 성과에 대한 답변은 A사원이 답하기에는 어려운 질문이다.

21   정답 ①

조직의 역량 강화 및 조직문화 구축은 위의 교육과 관련이 없는 영역이다. A사원은 조직의 사업과 관련된 내용을 발언해야 한다.

22   정답 ①

제시문은 친환경 농업이 주목받는 이유에 대해 설명하면서 농약이 줄 수 있는 피해에 대해 다루고 있다. 따라서 (가) '친환경 농업은 건강과 직결되어 있기 때문에 각광받고 있다.' → (나) '병충해를 막기 위해 사용된 농약은 완전히 제거하기 어려우며 신체에 각종 손상을 입힌다.' → (다) '생산량 증가를 위해 사용한 농약과 제초제가 오히려 인체에 해를 입힐 수 있다.'의 순서로 나열해야 한다.

23   정답 ②

프린터 성능 점수표를 이용하여 제품별 프린터의 점수를 정리하면 다음과 같다.

구분	출력 가능 용지 장수	출력 속도	인쇄 해상도
A프린터	80점	70점	70점
B프린터	100점	60점	90점
C프린터	70점	90점	70점
D프린터	100점	70점	60점

가중치를 적용하여 제품별 프린터의 성능 점수를 구하면 다음과 같다.
• A프린터 : $(80\times0.5)+(70\times0.3)+(70\times0.2)=75$점
• B프린터 : $(100\times0.5)+(60\times0.3)+(90\times0.2)=86$점
• C프린터 : $(70\times0.5)+(90\times0.3)+(70\times0.2)=76$점
• D프린터 : $(100\times0.5)+(70\times0.3)+(60\times0.2)=83$점
따라서 C사원은 성능 점수가 가장 높은 B프린터를 구매할 것이다.

24

정답 ③

제품 500개를 생산하기 위한 부품당 필요 개수와 소요시간은 다음과 같다.

구분	필요 개수	생산 소요시간(일)
A부품	500×2개=1,000개	1,000개×1시간=1,000시간 → 1,000÷8=125일
B부품	500×1개=500개	500개×3시간=1,500시간 → 1,500÷8=187.5일
C부품	500×2개=1,000개	1,000개×2시간=2,000시간 → 2,000÷8=250일

따라서 제품 500개 생산을 위한 부품을 마련하기 위해서 C부품까지 모두 준비되어야 하므로 250일이 걸린다.

25

정답 ④

• 1단계
주민등록번호 앞 12자리 숫자에 가중치를 곱하면 다음과 같다.

숫자	가중치	(숫자)×(가중치)
2	2	4
4	3	12
0	4	0
2	5	10
0	6	0
2	7	14
8	8	64
0	9	0
3	2	6
7	3	21
0	4	0
1	5	5

• 2단계
1단계에서 구한 값을 합하면
$4+12+0+10+0+14+64+0+6+21+0+5=136$

• 3단계
2단계에서 구한 값을 11로 나누어 나머지를 구하면
$136÷11=12\cdots4$
즉, 나머지는 4이다.

• 4단계
11에서 나머지를 뺀 수는 $11-4=7$이다. 7을 10으로 나누면
$7÷10=0\cdots7$
따라서 ⊙에 들어갈 수는 7이다.

26

정답 ③

인도의 전통적인 인사법은 턱 아래에 두 손을 모으고 고개를 숙이는 것으로, 이 외에도 보편적인 악수를 통해 인사할 수 있다. 그러나 여성의 경우 먼저 악수를 청할 시에만 악수할 수 있으므로 유의해야 한다. 인도인의 대부분이 힌두교도이며, 힌두교는 남녀의 공공연한 접촉을 금지하고 있기 때문이다.

27

정답 ①

① $[(2,300×5)+(2,300×5×0.7)]+2,000+(1,100×6)+(800×2)=29,750$원
② $[(2,300×4)+(2,300×4×0.7)]+(2,300×3)+(1,100×4)+(1,300×4)=32,140$원
③ $(2,300×9)+(2,000×2)+(1,100×4)+(1,400×2×0.6)=30,780$원
④ $(2,300×6)+(2,000×5)+(1,100×2)+(800×1)+(1,400×5×0.6)=31,000$원

따라서 ①처럼 구매하는 경우 총 금액을 최소화할 수 있다.

28

정답 ②

기원이가 과체중이 되기 위해서 증가해야 할 체중을 $x$kg이라 하면, $\dfrac{71+x}{73.8}×100>110$이다. 따라서 $x>10.180$이므로 10.18kg 이상 체중이 증가하여야 한다.

오답분석

① • 혜지의 표준 체중 : $(158-100)×0.9=52.2$kg
  • 기원이의 표준 체중 : $(182-100)×0.9=73.8$kg

③ • 혜지의 비만도 : $\dfrac{58}{52.2}×100≒111\%$

  • 기원이의 비만도 : $\dfrac{71}{73.8}×100≒96\%$

  • 용준이의 표준 체중 : $(175-100)×0.9=67.5$kg

  • 용준이의 비만도 : $\dfrac{96}{67.5}×100≒142\%$

표준 체중(100%) 기준에서 비만도가 ±10% 이내이면 정상체중이므로 3명의 학생 중 정상체중인 학생은 기원이 1명이다.

④ 용준이가 정상체중 범주에 속하려면 비만도 110% 이하이어야 한다.

$$\dfrac{x}{67.5}×100≤110\% → x≤74.25$$

따라서 현재 96kg에서 정상체중이 되기 위해서는 약 22kg 이상 감량을 해야 한다.

29 정답 ③

같은 색깔로는 심지 못한다고 할 때 다음의 경우로 꽃씨를 심을 수 있다.
1) 빨간 화분 : 파랑, 노랑, 초록
2) 파란 화분 : 빨강, 노랑, 초록
3) 노란 화분 : 빨강, 파랑, 초록
4) 초록 화분 : 빨강, 파랑, 노랑

주어진 조건을 적용하면 다음과 같은 경우로 꽃씨를 심을 수 있다.
1) 빨간 화분 : 파랑, 초록
2) 파란 화분 : 빨강, 노랑
3) 노란 화분 : 파랑, 초록
4) 초록 화분 : 빨강, 노랑

따라서 초록 화분과 노란 화분에 심을 수 있는 꽃씨의 종류는 다르므로 ③은 옳지 않은 설명이다.

30 정답 ②

제시문은 애덤 스미스의 '보이지 않는 손'에 대해 반박하기 위해 정부가 개인의 이익 활동을 제한하지 않으면 발생할 수 있는 문제점을 예를 들어 설명하고 있다. 수용 한계를 넘은 상황에서 개인의 이익을 위해 상대방의 이익을 침범한다면, 상대방도 자신의 이익을 늘리기 위해 사육 두수를 늘릴 것이다. 이러한 상황이 장기화된다면 두 번째 단락에서 말했던 것과 같이 목초가 줄어들어 그 목초지에서 양을 키워 얻을 수 있는 전체 생산량이 줄어든다. 따라서 ⊙ '농부들의 총이익은 기존보다 감소할 것'이고, 이는 ⓒ '한 사회의 전체 이윤이 감소하는' 결과를 초래한다.

31 정답 ④

• (가) : $\dfrac{2,574}{7,800} \times 100 = 33$

• (다) : $1,149 \times 0.335 ≒ 385$

32 정답 ④

제시문에서 '멋'은 파격이면서 동시에 보편적이고 일반적인 기준을 벗어나지 않아야 함을 강조하고 있다. 따라서 멋은 사회적인 관계에서 생겨나는 것이라는 결론을 얻을 수 있다.

33 정답 ①

최단시간으로 가는 방법은 택시만 이용하는 방법이고, 최소비용으로 가는 방법은 버스만 이용하는 방법이다.
• 최단시간으로 가는 방법의 비용 : 2,000(∵ 기본요금)＋100×4(∵ 추가요금)＝2,400원
• 최소비용으로 가는 방법의 비용 : 500원
∴ (최단시간으로 가는 방법의 비용)－(최소비용으로 가는 방법의 비용)＝2,400－500＝1,900원

34 정답 ③

대중교통 이용 방법이 정해져 있을 경우, 비용을 최소화하기 위해서는 회의장에서의 대기시간을 최소화하는 동시에 지각하지 않아야 한다. 거래처에서 회의장까지 2분이 소요되므로 정민이는 오후 1시 58분에 거래처에 도착해야 한다. K회사에서 B지점까지는 버스를, B지점에서 거래처까지는 택시를 타고 이동한다고 하였으므로 환승시간을 포함하여 걸리는 시간은 3×2(∵ 버스 소요시간)＋2(∵ 환승 소요시간)＋1×3(∵ 택시 소요시간)＝11분이다. 따라서 오후 1시 58분－11분＝오후 1시 47분에 출발해야 한다.

35 정답 ④

일본의 R&D 투자 총액은 1,508억 달러이며, 이는 GDP의 3.44%이므로 $3.44 = \dfrac{1,508}{(\text{GDP 총액})} \times 100$이다.

따라서 일본의 GDP 총액은 $\dfrac{1,508}{0.0344} ≒ 43,837$억 달러이다.

36 정답 ③

주어진 조건을 논리 기호화하면 다음과 같다.
• A
• ~B → ~D
• ~C → E
• C, D 중 한 명 이상
• ~D → ~A

A팀장이 참석하면, 다섯 번째 조건의 대우는 A → D이므로 D주임도 참석하고, 두 번째 조건의 대우인 D → B에 따라 B대리도 참석한다.
따라서 A팀장이 반드시 참석하므로 B대리, D주임도 반드시 참석하며, C와 E의 경우 C주임의 참석 여부에 따라 경우가 나뉜다.
1) C주임이 참석하는 경우
　C주임이 참석하는 경우, E사원의 참석 여부는 알 수 없다. 따라서 C주임이 참석하면서 E사원이 참석하지 않는 경우와 C주임이 참석하고 E사원도 참석하는 경우 이렇게 두 가지 경우가 가능하다.
2) C주임이 참석하지 않는 경우
　C주임이 참석하지 않는 경우, 세 번째 조건에 따라 E사원은 참석한다.
따라서 이를 고려하면 A팀장, B대리, D주임은 반드시 참석하며, C주임 또는 E사원도 둘 중 한 명 이상은 참석하므로 적어도 4명은 참석한다.

오답분석

① 제시된 조건에 따르면 D주임이 참석하므로 B대리는 반드시 참석한다.
② B대리는 반드시 참석하지만, C주임은 참석하지 않는 경우도 있다.
④ D주임은 반드시 참석하지만, C주임은 참석하지 않는 경우가 있다.

37

정답 ④

문제 발생의 원인은 회의록에서 알 수 있는 내용이다.

오답분석

① 회의에 참가한 인원이 6명일 뿐 조직의 인원은 회의록만으로 알 수 없다.

② 회의 참석자는 생산팀 2명, 연구팀 2명, 마케팅팀 2명으로 총 6명이다.

③ 마케팅팀에서 제품을 전격 회수하고 연구팀에서 유해성분을 조사하기로 하였다.

38

정답 ④

회의 후 가장 먼저 해야 할 일은 '주문 물량이 급격히 증가한 일주일 동안 생산된 제품 파악'이다. 문제의 제품이 전부 회수돼야 포장재질 및 인쇄된 잉크 유해성분을 조사한 뒤 적절한 조치가 가능해지기 때문이다.

39

정답 ③

곡물별 2021년과 2022년의 소비량 변화는 다음과 같다.

• 소맥 : $679-697=-18$백만 톤
• 옥수수 : $860-883=-23$백만 톤
• 대두 : $258-257=1$백만 톤

따라서 소비량의 변화가 가장 작은 곡물은 대두이다.

오답분석

① 제시된 자료를 통해 알 수 있다.

② 제시된 자료를 통해 2023년에 모든 곡물의 생산량과 소비량이 다른 해에 비해 많았음을 알 수 있다.

④ • 2021년 전체 곡물 생산량 : $697+886+239=1,822$백만 톤
  • 2023년 전체 곡물 생산량 : $711+964+285=1,960$백만 톤
  따라서 2021년과 2023년의 전체 곡물 생산량의 차는 $1,960-1,822=138$백만 톤이다.

40

정답 ③

을이 오전 7시 30분에 일어나고 갑이 오전 6시 30분 전에 일어나면, 갑이 이길 수도 있고 질 수도 있다.

오답분석

① 갑이 오전 6시 정각에 일어나면 을이 오전 7시 정각에 일어나도 갑의 합산 결과가 6으로 이긴다.

② 4개의 숫자를 합산하여 제일 큰 수를 만들 때는 을은 오전 7시 59분으로 21, 갑은 오전 6시 59분으로 20이다. 그러므로 을이 오전 7시 59분에 일어나면 을은 반드시 진다.

④ 갑과 을이 정확히 한 시간 간격으로 일어나면 뒤에 두 자리는 같게 된다. 따라서 앞의 숫자가 작은 갑이 이기게 된다.

41

정답 ①

8/6(토)에 근무하기로 예정된 1팀 차도선이 개인사정으로 근무를 대체하려고 할 경우, 그 주에 근무가 없는 3팀의 한 명과 바꿔야 한다. 대체근무자인 하선오는 3팀에 소속된 인원이긴 하나, 대체근무일이 8/13(토)으로 1팀인 차도선이 근무하게 될 경우 8/14(일)에도 1팀이 근무하는 날이기 때문에 주말근무 규정에 어긋나 적절하지 않다.

42

정답 ②

수건이나 휴지 등을 덧댄 후 마스크를 사용하면 밀착력이 감소해 미세입자 차단 효과가 떨어질 수 있다.

43

정답 ④

12시 방향에 앉아 있는 서울 대표를 기준으로 각 지역본부 대표를 시계 방향으로 나열하면 '서울 – 대구 – 춘천 – 경인 – 부산 – 광주 – 대전 – 속초'이다. 따라서 경인 대표와 마주보고 있는 사람은 속초 대표이다.

44

정답 ④

• C강사 : 셋째 주 화요일 오전, 목요일, 금요일 오전에 스케줄이 비어 있으므로 목요일과 금요일에 이틀에 걸쳐 강의할 수 있다.
• E강사 : 첫째, 셋째 주 화~목요일 오전에 스케줄이 있으므로 수요일과 목요일 오후에 강의할 수 있다.

오답분석

• A강사 : 매주 수~목요일에 스케줄이 있으므로 화요일과 금요일 오전에 강의할 수 있지만, 강의가 연속 이틀에 걸쳐 진행되어야 한다는 조건에 부합하지 않는다.
• B강사 : 화요일과 목요일에 스케줄이 있으므로 수요일 오후와 금요일 오전에 강의할 수 있지만, 강의가 연속 이틀에 걸쳐 진행되어야 한다는 조건에 부합하지 않는다.
• D강사 : 수요일 오후와 금요일 오전에 스케줄이 있으므로 화요일 오전과 목요일에 강의할 수 있지만, 강의가 연속 이틀에 걸쳐 진행되어야 한다는 조건에 부합하지 않는다.

45

정답 ④

두 번째 문단에 따르면 마이크로비드는 잔류성 유기 오염물질을 흡착한다.

46 정답 ③

A국과 F국을 비교해보면 참가선수는 A국이 더 많지만, 동메달 수는 F국이 더 많다.

오답분석

① 금메달은 F>A>E>B>D>C 순서로 많고, 은메달은 C>D>B>E>A>F 순서로 많다.
② C국은 금메달을 획득하지 못했지만, 획득한 전체 메달 수는 149개로 가장 많다.
④ 참가선수와 메달 합계의 순위는 동일하다.

47 정답 ③

담당	과장	부장	상무이사	전무이사
아무개	최경옥	김석호	대결 최수영	전결

ㄱ. 최수영 상무이사가 결재한 것은 대결이다. 대결은 결재권자가 출장, 휴가, 기타 사유로 상당기간 부재중일 때 긴급한 문서를 처리하고자 할 경우에 결재권자의 차하위 직위의 결재를 받아 시행하는 것을 말한다.
ㄴ. 대결 시에는 기안문의 결재란 중 대결한 자의 란에 '대결'을 표시하고 서명 또는 날인한다.
ㄹ. 대결의 경우 원결재자가 문서의 시행 이후 결재하는데 이를 후결이라 하며, 전결 사항은 전결권자에게 책임과 권한이 위임되었으므로 중요한 사항이라면 원결재자에게 보고하는 데 그친다.

48 정답 ①

마이클 포터의 본원적 경쟁전략

• 차별화 전략 : 조직이 생산품이나 서비스를 차별화하여 고객에게 가치가 있고 독특하게 인식되도록 하는 전략으로, 이를 위해서는 연구개발이나 광고를 통하여 술, 품질, 서비스, 브랜드 이미지를 개선할 필요가 있다.
• 원가우위 전략 : 원가절감을 통해 해당 산업에서 우위를 점하는 전략으로, 이를 위해서는 대량생산을 통해 단위 원가를 낮추거나 새로운 생산기술을 개발할 필요가 있다.
• 집중화 전략 : 특정 시장이나 고객에게 한정된 전략으로, 특정 산업을 대상으로 한다. 즉, 경쟁 조직들이 소홀히 하고 있는 한정된 시장을 원가우위나 차별화 전략을 써서 집중 공략하는 방법이다.

49 정답 ③

제시문은 『구운몽』의 일부 내용으로, 주인공이 부귀영화를 누렸던 한낱 꿈으로부터 현실로 돌아오는 부분이다. 따라서 부귀영화란 일시적인 것이어서 그 한때가 지나면 그만임을 비유적으로 이르는 말인 ③이 가장 비슷하다.

오답분석

① 힘을 다하고 정성을 다하여 한 일은 그 결과가 반드시 헛되지 아니함을 비유적으로 이르는 말이다.
② 무엇을 전혀 모르던 사람도 오랫동안 보고 듣노라면 제법 따라 할 수 있게 됨을 비유적으로 이르는 말이다.
④ 속으로는 해칠 마음을 품고 있으면서, 겉으로는 생각해 주는 척함을 비유적으로 이르는 말이다.

50 정답 ③

영어에서는 재국이가 정희보다 잘했고, 영은이가 3등, 유빈이가 4등이므로 재국이가 1등, 정희가 2등이다. 수학에서는 영은이가 3등이고, 유빈이가 4등이 아니며, 정희는 재국이보다 잘하였으므로 재국이가 4등이 된다. 그러면 1등과 2등은 정희 또는 유빈이가 되는데, 수학에서 2등은 세 과목의 합계에서 1등을 한 학생이라고 하였으므로 이를 확인한다. 먼저 유빈이가 2등을 했다면 유빈이가 전체 1등이 되어야 하는데, 국어에서 1등을 한 영은이를 제외하고 2등이 된다고 하더라도 전체 점수가 영은이보다 좋을 수 없으므로 정희가 2등, 유빈이가 1등이 된다. 이를 정리하면 다음과 같다.

구분	국어	영어	수학
1등(100점)	영은	재국	유빈
2등(90점)	정희	정희	정희
3등(80점)	재국 또는 유빈	영은	영은
4등(70점)	유빈 또는 재국	유빈	재국

그러므로 정희가 270점으로 1등, 영은이가 260점으로 2등, 재국이와 유빈이 중 한 명이 250점으로 3등, 나머지 한 명이 240점으로 4등을 하였다. 따라서 1등과 4등의 총점은 30점 차이가 나므로 ③은 거짓이다.

www.sdedu.co.kr

경기도 공공기관 통합채용 필기시험 답안카드

1	① ② ③ ④	21	① ② ③ ④	41	① ② ③ ④
2	① ② ③ ④	22	① ② ③ ④	42	① ② ③ ④
3	① ② ③ ④	23	① ② ③ ④	43	① ② ③ ④
4	① ② ③ ④	24	① ② ③ ④	44	① ② ③ ④
5	① ② ③ ④	25	① ② ③ ④	45	① ② ③ ④
6	① ② ③ ④	26	① ② ③ ④	46	① ② ③ ④
7	① ② ③ ④	27	① ② ③ ④	47	① ② ③ ④
8	① ② ③ ④	28	① ② ③ ④	48	① ② ③ ④
9	① ② ③ ④	29	① ② ③ ④	49	① ② ③ ④
10	① ② ③ ④	30	① ② ③ ④	50	① ② ③ ④
11	① ② ③ ④	31	① ② ③ ④		
12	① ② ③ ④	32	① ② ③ ④		
13	① ② ③ ④	33	① ② ③ ④		
14	① ② ③ ④	34	① ② ③ ④		
15	① ② ③ ④	35	① ② ③ ④		
16	① ② ③ ④	36	① ② ③ ④		
17	① ② ③ ④	37	① ② ③ ④		
18	① ② ③ ④	38	① ② ③ ④		
19	① ② ③ ④	39	① ② ③ ④		
20	① ② ③ ④	40	① ② ③ ④		

※ 본 답안지는 마킹연습용 모의 답안지입니다.

경기도 공공기관 통합채용 필기시험 답안카드

번호	①	②	③	④	번호	①	②	③	④	번호	①	②	③	④
1	①	②	③	④	21	①	②	③	④	41	①	②	③	④
2	①	②	③	④	22	①	②	③	④	42	①	②	③	④
3	①	②	③	④	23	①	②	③	④	43	①	②	③	④
4	①	②	③	④	24	①	②	③	④	44	①	②	③	④
5	①	②	③	④	25	①	②	③	④	45	①	②	③	④
6	①	②	③	④	26	①	②	③	④	46	①	②	③	④
7	①	②	③	④	27	①	②	③	④	47	①	②	③	④
8	①	②	③	④	28	①	②	③	④	48	①	②	③	④
9	①	②	③	④	29	①	②	③	④	49	①	②	③	④
10	①	②	③	④	30	①	②	③	④	50	①	②	③	④
11	①	②	③	④	31	①	②	③	④					
12	①	②	③	④	32	①	②	③	④					
13	①	②	③	④	33	①	②	③	④					
14	①	②	③	④	34	①	②	③	④					
15	①	②	③	④	35	①	②	③	④					
16	①	②	③	④	36	①	②	③	④					
17	①	②	③	④	37	①	②	③	④					
18	①	②	③	④	38	①	②	③	④					
19	①	②	③	④	39	①	②	③	④					
20	①	②	③	④	40	①	②	③	④					

※ 본 답안지는 마킹연습용 모의 답안지입니다.

성 명

지원 분야

문제지 형별기재란   Ⓐ
                  Ⓑ
(형)

수 험 번 호
⓪	①	②	③	④	⑤	⑥	⑦	⑧	⑨
⓪	①	②	③	④	⑤	⑥	⑦	⑧	⑨
⓪	①	②	③	④	⑤	⑥	⑦	⑧	⑨
⓪	①	②	③	④	⑤	⑥	⑦	⑧	⑨
⓪	①	②	③	④	⑤	⑥	⑦	⑧	⑨
⓪	①	②	③	④	⑤	⑥	⑦	⑧	⑨
⓪	①	②	③	④	⑤	⑥	⑦	⑧	⑨

감독위원 확인
(인)

경기도 공공기관 통합채용 필기시험 답안카드

번호	①	②	③	④	번호	①	②	③	④	번호	①	②	③	④
1	①	②	③	④	21	①	②	③	④	41	①	②	③	④
2	①	②	③	④	22	①	②	③	④	42	①	②	③	④
3	①	②	③	④	23	①	②	③	④	43	①	②	③	④
4	①	②	③	④	24	①	②	③	④	44	①	②	③	④
5	①	②	③	④	25	①	②	③	④	45	①	②	③	④
6	①	②	③	④	26	①	②	③	④	46	①	②	③	④
7	①	②	③	④	27	①	②	③	④	47	①	②	③	④
8	①	②	③	④	28	①	②	③	④	48	①	②	③	④
9	①	②	③	④	29	①	②	③	④	49	①	②	③	④
10	①	②	③	④	30	①	②	③	④	50	①	②	③	④
11	①	②	③	④	31	①	②	③	④					
12	①	②	③	④	32	①	②	③	④					
13	①	②	③	④	33	①	②	③	④					
14	①	②	③	④	34	①	②	③	④					
15	①	②	③	④	35	①	②	③	④					
16	①	②	③	④	36	①	②	③	④					
17	①	②	③	④	37	①	②	③	④					
18	①	②	③	④	38	①	②	③	④					
19	①	②	③	④	39	①	②	③	④					
20	①	②	③	④	40	①	②	③	④					

※ 본 답안지는 마킹연습용 모의 답안지입니다.

경기도 공공기관 통합채용 필기시험 답안카드

※ 본 답안지는 연습용 모의 답안지입니다.

성 명	
지원 분야	
문제지 형별기재란	Ⓐ Ⓑ ( )형
수 험 번 호	
감독위원 확인	(인)

번호	1	2	3	4	번호	1	2	3	4	번호	1	2	3	4
1	①	②	③	④	21	①	②	③	④	41	①	②	③	④
2	①	②	③	④	22	①	②	③	④	42	①	②	③	④
3	①	②	③	④	23	①	②	③	④	43	①	②	③	④
4	①	②	③	④	24	①	②	③	④	44	①	②	③	④
5	①	②	③	④	25	①	②	③	④	45	①	②	③	④
6	①	②	③	④	26	①	②	③	④	46	①	②	③	④
7	①	②	③	④	27	①	②	③	④	47	①	②	③	④
8	①	②	③	④	28	①	②	③	④	48	①	②	③	④
9	①	②	③	④	29	①	②	③	④	49	①	②	③	④
10	①	②	③	④	30	①	②	③	④	50	①	②	③	④
11	①	②	③	④	31	①	②	③	④					
12	①	②	③	④	32	①	②	③	④					
13	①	②	③	④	33	①	②	③	④					
14	①	②	③	④	34	①	②	③	④					
15	①	②	③	④	35	①	②	③	④					
16	①	②	③	④	36	①	②	③	④					
17	①	②	③	④	37	①	②	③	④					
18	①	②	③	④	38	①	②	③	④					
19	①	②	③	④	39	①	②	③	④					
20	①	②	③	④	40	①	②	③	④					

수험번호: ⓪ ① ② ③ ④ ⑤ ⑥ ⑦ ⑧ ⑨

**2024 최신판 SD에듀 All-New 경기도 공공기관 통합채용
NCS 최종모의고사 7회분 + 무료NCS특강**

개정7판1쇄 발행	2024년 03월 20일 (인쇄 2024년 03월 07일)
초 판 발 행	2020년 04월 10일 (인쇄 2020년 03월 12일)
발 행 인	박영일
책 임 편 집	이해욱
편 저	SDC(Sidae Data Center)
편 집 진 행	김재희
표지디자인	조혜령
편집디자인	최미란 · 장성복
발 행 처	(주)시대고시기획
출 판 등 록	제10-1521호
주 소	서울시 마포구 큰우물로 75 [도화동 538 성지 B/D] 9F
전 화	1600-3600
팩 스	02-701-8823
홈 페 이 지	www.sdedu.co.kr
I S B N	979-11-383-6903-9 (13320)
정 가	18,000원

www.sdedu.co.kr